Alexander Korittko
Traumafolgen in der Erziehungsberatung

Basiswissen Beratung

Die Reihe Basiswissen Beratung spiegelt den Stand einer modernen, theoretisch begründeten und erfahrungsbasierten Beratungspraxis wider. Die Buchreihe richtet sich an Fachkräfte der Erziehungs- und Familienberatung und angrenzender Arbeitsfelder sowie an Studierende der Human-, Sozial- und Erziehungswissenschaften. Basiswissen Beratung wird durch ein Editorial Board mit namhaften Vertreter/innen der Beratungspraxis, der Psychologie, der Sozialen Arbeit und der Kinder- und Jugendpsychiatrie fachlich begleitet.

Alexander Korittko

Traumafolgen in der Erziehungsberatung

Richtig erkennen und gezielt helfen

BELTZ JUVENTA

Der Autor

Alexander Korittko, Jg. 1948, ist Dipl. Sozialarbeiter und Paar- und Familientherapeut, Systemischer Lehrtherapeut und Lehrsupervisor (DGSF); er war bis 2013 in einer kommunalen Jugend- Familien- und Erziehungsberatungsstelle in Hannover tätig und ist Mitbegründer des Zentrums für Psychotraumatologie und traumazentrierte Psychotherapie Niedersachsen (zptn).

MIX
Papier | Fördert gute Waldnutzung
FSC® C089473

Dieses Buch ist erhältlich als:
ISBN 978-3-7799-6119-2 Print
ISBN 978-3-7799-5419-4 E-Book (PDF)

1. Auflage 2019

in der Verlagsgruppe Beltz · Weinheim Basel
Werderstraße 10, 69469 Weinheim

Herstellung und Satz: Ulrike Poppel
Druck und Bindung: Beltz Grafische Betriebe, Bad Langensalza
Printed in Germany

Weitere Informationen zu unseren Autor_innen und Titeln finden Sie unter:
www.beltz.de

„Es existieren mehr Möglichkeiten
in allen Menschen,
als diejenigen, die sie aufgrund
ihrer bisherigen Erfahrungen
erkennen können."

Salvador Minuchin (1921-2017)

Inhalt

Vorwort

Als ich Ende der 1980er Jahre durch Berichte US-amerikanischer Kollegen zum ersten Mal von dem damals neuen Konzept der Posttraumatischen Belastungsstörung (PTBS) erfuhr, war mir zunächst unklar, wie dieses diagnostische Konstrukt in der Erziehungsberatung genutzt werden könnte. Obwohl die Symptome einer PTBS schon seit über 100 Jahren wissenschaftlich erforscht wurden, fand die Diagnose erst 1980 Eingang in das amerikanische Diagnose Manual DSM III. Damals spielte das Drängen der Vietnam-Veteranen-Verbände und der Frauenverbände, die sich mit den Folgen sexueller Gewalt auseinandersetzten eine entscheidende Rolle. Was hatte das aber mit Erziehungsberatung zu tun? Gab es nicht spezielle Beratungsstellen, die für Betroffene von sexueller Gewalt zur Verfügung standen? Und deutsche Soldaten waren ja in dieser Zeit nicht in Kriegseinsätzen.

Unterschiedliche Ereignisse haben die Situation inzwischen entscheidend verändert. Mit den Kriterien der so genannten Entwicklungstraumatisierung gerieten Kinder ins Blickfeld traumaorientierter Diagnosen und Therapien, die innerfamiliär unterschiedliche Formen von Gewalt erleiden mussten. Die großen Verkehrskatastrophen wie z. B. das ICE-Unglück in Eschede 1998 führte dazu, dass nach Unfällen Symptome wie körperliche Übererregungszustände, Vermeidungsverhalten sowie Alpträume und lebendig erscheinende Rückerinnerungen tagsüber (Flashbacks) unter Trauma-Aspekten betrachtet wurden. Möglicherweise, so die Überlegungen, sind als Hintergrund vieler symptomatischer Verhaltensweisen Erfahrungen von Gewalt, Naturkatastrophen oder anderen existenzieller Bedrohung zu erkennen.

Erfahrungen, die bereits mit Erwachsenen gemacht wurden, die sich wegen Belastungen aus der Kindheit in psychiatrischer Behandlung befanden, konnten in Beratungskontexten genutzt werden, wie beispielsweise die Notwendigkeit von stabilisierenden Interventionen, bevor Auseinandersetzungen mit traumatischem Material beginnen können. Inzwischen ist auch deutlich, dass Menschen mit traumagefährdeten Berufen (wie z.B. Polizisten, Feuerwehrleute, Soldaten, Rettungssanitäter) mit ihren Familien in Beratungsstellen um Hilfe bitten, wenn stressbedingte Verhaltensweisen in die familiäre Interaktion einwirken. Und nicht zuletzt haben die vielen Menschen, die durch Bürgerkriege und Hungersnöte in existenzielle Nöte geraten und in unser Land fliehen, dazu beigetragen, dass der Traumabegriff in die Tätigkeit von Erziehungsberatungsstellen Einzug gehalten hat.

2012 ist die Bundeskonferenz für Erziehungsberatung in ihrer Wissenschaftlichen Jahrestagung mit dem Thema „Traumatisiert?“ auf die Bedarfslage der Fachkräfte in Beratungsstellen eingegangen, die schon seit vielen Jahren in vielfältiger Form mit „Psychotraumata“ in Berührung gekommen sind. Die anschließend herausgegebene Tagungsdokumentation „Herausforderung Trauma“ stellte einen weiteren wichtigen Schritt in der professionellen Auseinandersetzung mit dem Thema dar. Keine Frage, „Trauma“ ist als Konzept in der Erziehungsberatung angekommen. So wird es sicher nachvollziehbar, dass in der Reihe „Basiswissen Beratung“ ein Buch dem Umgang mit traumarelevanten Diagnosen und Interventionen gewidmet ist.

Ich habe mir vorgenommen, in diesem Buch die derzeitigen Ideen über Traumata und Traumafolgen in übersichtlicher Form zu vermitteln und in möglichst vielen praktischen Beispielen die Anwendung von Interventionen darzustellen, die in der Erziehungsberatung Anwendung finden können. An einigen Stellen war es mir wichtig, noch ein wenig Theorie einzuflechten, sodass die Zielrichtung der Interventionen klarer wird. Das Feld der Psychotraumatologie entwickelt sich weiter, neue Erkenntnisse aus der Bindungsforschung, aus der Neurobiologie und aus evidenzbasierten Therapien werden auch zukünftig zu neuen Sichtweisen beitragen. Auch der von mir bevorzugte Ansatz von „best practice“ im Sinne von bewährten Methoden in der Trauma-Arbeit wird weiterwachsen.

Dezember 2018, Alexander Korittko

1 Trauma: Bedeutung heute

Der fast inflationäre Gebrauch der Begriffe „Trauma“, „traumatisiert“ und „Traumafolgen“ erfordert eine Abklärung und Definition für die Aufgabenstellung in der Erziehungsberatung.

Trauma – dieses Wort ist seit einiger Zeit in aller Munde. Kinder mit Gewalterfahrungen, traumatisiert. Einzelgänger in der Schule, traumatisiert. Flüchtlinge aus Syrien und Afghanistan, traumatisiert. Kinder, Jugendliche und Erwachsene nach Naturkatastrophen, traumatisiert. Kinder aus Trennungsfamilien, traumatisiert. Menschen nach einem Zugunglück, traumatisiert. Kinder, die häusliche Gewalt miterleben, traumatisiert. Arbeitslos gewordene Erwachsene, traumatisiert. Eltern, die in ihrer Kindheit körperliche oder sexuelle Gewalt erleiden mussten, traumatisiert. Und, so die Annahme: Nach einer Traumatisierung, gleich welcher Art, ist mit schweren Störungen zu rechnen, die nur von Spezialistinnen behoben werden können, wenn überhaupt. Der Trauma-Begriff hat eine Popularität entwickelt, hin und wieder wird vor einer „Modediagnose“ gewarnt (Dudeck u. Freyberger 2011).

Auch an der Erziehungsberatung geht diese Entwicklung nicht vorüber. Mehr und mehr melden sich Klienten an (oder werden angemeldet) mit der selbst gestellten Diagnose „traumatisiert“ – meist mit dem Attribut „schwer“. Für die Praxis der Erziehungsberatung gilt es daher, Begriffe zu klären und klinische Unterscheidungen zu treffen: Wie unterscheiden sich erhebliche Alltagsbelastungen von traumatischen Erfahrungen? Ist bei jeder Traumatisierung mit chronischen Traumafolgestörungen zu rechnen? Was sind übliche Reaktionen auf ein Trauma, die nach einiger Zeit wieder abklingen? Welche Unterstützungsmöglichkeiten bestehen im Rahmen von Erziehungsberatung und wo ist eine Grenze gegenüber Psychotherapie zu ziehen? Wie können sich Erziehungsberater und

Erziehungsberaterinnen vor einer sekundären Traumatisierung schützen? Die Klärung dieser und anderer Fragen werden Inhalt dieses Buches sein, einige Definitionen helfen vielleicht schon zu Beginn.

Traumata: Definitionen

Unter einem Psychotrauma (Verletzungen der Seele) versteht man eine schockartig überwältigende Situation, eine existenzielle Bedrohung, der man nicht entweichen kann und gegen die man sich nicht zur Wehr setzen kann. Der Mensch befindet sich in der Schutzlosigkeit der so genannten „traumatischen Zange". In einem solchen unausweichlichen Schock sind die üblichen Möglichkeiten, mit Belastungen zurechtzukommen, erschöpft. Als einzige Reaktionsform bleibt Erstarrung oder Dissoziation (Totstell-Reflex). Man kann Traumata unterscheiden in Ereignisse, die einmal passiert sind, wie z. B. ein Autounfall, eine Naturkatastrophe oder ein Überfall, und in chronische Stress-Situationen, wie z. B. physische oder sexuelle Gewalt, Vernachlässigung, Miterleben von häuslicher Gewalt. Die von Menschen verursachten Traumata sind problematischer zu verarbeiten, je früher sie geschehen, desto schwieriger. Es handelt sich also um ein subjektives Erlebnis, denn was für einen 5-Jährigen überwältigend ist, kann sich sehr von dem unterscheiden, was für einen Jugendlichen oder einen Erwachsenen überwältigend ist. Es hängt sehr davon ab, welche Ressourcen und Kompetenzen man bisher entwickeln konnte.

Traumata müssen in ihren sozialen Dimensionen gesehen werden, manche zusätzlich in ihren transkulturellen Kontexten. Traumata beziehen sich auf das Individuum, sagen aber auch etwas über die Gesellschaft aus, in der sie geschehen. Rahmenbedingungen des sozialen Umfeldes müssen betrachtet werden: Welche Formen der Gewalt werden gesellschaftlich akzeptiert? Werden Betroffene als unterstützungswürdig gesehen? Welche finanziellen Ressourcen werden für Überlebende bereitgestellt? Welche psychosozialen und juristischen Hilfen gibt es? Welche Traumata treffen Frauen und Kinder, welche Männer? Welche Berufsgruppen sind besonders traumagefährdet?

Welche Auswirkungen hat es für eine Gesellschaft, wenn die positiven Grundannahmen von äußerer Sicherheit („Die Welt ist ein sicherer Platz"), interpersoneller Sicherheit („Die meisten Leute sind wohlmeinend") und sicheren Kontexten („Guten Menschen werden gute Dinge passieren") nicht mehr stimmen? Traumatisierte haben oft neue Grundannahmen: Die Welt ist feindselig, unberechenbar und chaotisch. Das Leben erscheint sinnlos. Gefühle von Hilflosigkeit und Ausgeliefertsein überwiegen. Es scheint mir, als sei es die Aufgabe aller, die traumatisierten Menschen begegnen, auch wieder Raum für positive Sichtweisen zu schaffen. Hilde Domin, eine Heidelberger Lyrikerin, schrieb: „Federn lassen und dennoch schweben, das ist das Geheimnis des Lebens."

Traumafolgen (Posttraumatische Belastungsstörung)

Traumatisierungen können zu Folgestörungen führen, je nachdem, wie intensiv sie eingewirkt haben. Wie sehen diese Folgestörungen aus, falls sie sich entwickelt haben? Wenn Menschen durch Auslösereize (Trigger) an diese Erlebnisse erinnert werden, verhalten sie sich immer wieder so, als würde das Ereignis erneut geschehen: Sie rennen fort, werden wütend oder erstarren. Sie leiden unter Albträumen, lebendigen Rückerinnerungen am Tag (Flashbacks), oder schalten emotional ab (Dissoziation) und erleben sich ständig körperlich unruhig. Eine Trias von Wiedererleben, Vermeidung und körperlicher Übererregung wird als Posttraumatische Belastungsstörung (PTBS) diagnostiziert, falls sie sich chronisch entwickelt. Solche Beeinträchtigungen klingen jedoch bei Erwachsenen und Kindern nach akuten Einmal-Traumatisierungen häufig nach einigen Wochen oder Monaten ab. Aber auch nach sequentiellen Traumatisierungen muss es nicht zu chronischen Störungen kommen. Nach erfolgter äußerer Sicherheit kann gute psychosoziale

Unterstützung zu einer Genesung führen (siehe Kapitel 3 „Risikofaktoren, Resilienz und posttraumatisches Wachstum"). Bei „verhaltensoriginellen" traumatisierten Kindern und Jugendlichen, die im Kontext von Erziehungsberatung auftauchen, sind die Selbsthilfekräfte scheinbar erschöpft. Dann braucht die Seele Hilfe.

Entwicklungstraumata

Traumata können bei Kindern und Jugendlichen weitaus heftigere Auswirkungen haben als bei Erwachsenen, vor allem wenn sie über einen langen Zeitraum wiederholt traumatisiert wurden. Junge Menschen entwickeln nicht nur die oben beschriebenen Verhaltensweisen, sondern zeigen sich zusätzlich in ihrer Entwicklung beeinträchtigt. Je häufiger sie Gewalt oder Vernachlässigung von engen Bezugspersonen erfahren haben, misstrauen sie ihrem eigenen Körper, ihren eigenen Gedanken, ihren eigenen Fähigkeiten, können ihre Emotionen schlecht regulieren, haben große Probleme in Beziehungen und im Vertrauen anderen Menschen gegenüber (Perry et al. 1995, Kolk 2005). Sie werden richtig gut darin, Gefahrenmomente zu erspüren, auch wenn weit und breit keine Gefahr droht. Sie werden richtig gut darin, sich zu schützen, auch wenn sie dadurch keine engen Beziehungen entwickeln können. Wer lange Zeit schlecht behandelt wurde, erwartet auch weiterhin schlechte Behandlung. Ein bekannter Traumaforscher an der Harvard Universität in Boston, Bessel van der Kolk, spricht daher von den Folgen einer Entwicklungstraumatisierung, von Schreckerfahrungen, die sich fest in die Körper und die Persönlichkeit der jungen Menschen eingebrannt haben (Kolk 2015).

Auf den Punkt gebracht:

- Traumata sind Ereignisse, die sich durch ihre Plötzlichkeit („aus heiterem Himmel"), durch ihre bedrohliche Heftigkeit (zerstörerische Kräfte in der Natur, häufiger noch zwischen

Menschen) und ihre Ausweglosigkeit (schutzloses Ausgeliefertsein) von Alltagsbelastungen unterscheiden. Sie können einmalig oder über Monate und Jahre wiederholt geschehen.

- Viele Traumatisierungen müssen in ihren sozialen Bedingungen betrachtet werden.
- Nicht jede Traumatisierung führt zu chronischen Traumafolgestörungen. Äußere Sicherheit, Selbstwirksamkeit und unterstützende Beziehungsangebote sind der beste Prädiktor für eine Genesung.
- Traumatisierungen, die über einen langen Zeitraum in der Entwicklung von Kindern geschehen, können komplexe Traumastörungen zur Folge haben.

2 Entwicklungen in der Psychotraumatologie

Die Psychotraumatologie ist sowohl eine alte als auch eine junge Wissenschaft. Bei Erkenntnissen über Hilfsprozesse ist heute die Stabilisierung und Affektregulierung zentrales Element. Die Forschung konzentriert sich auf die Langzeitfolgen von toxischem Stress. Unterschiedliche Verläufe sind bekannt.

Ende des 19. Jahrhunderts begannen Wissenschaftler mit der Erforschung der psychischen Folgen belastender Ereignisse wie Unfälle oder nach sexueller Gewalt (u.a. Jean-Martin Charcot, Pierre Janet und Sigmund Freud um 1895 in Paris). Schon damals war bekannt, dass Menschen mit traumatischen Erfahrungen keine kohärenten Geschichten erzählen können, diese Erinnerungen nicht in ihre Lebensgeschichte integrieren können, durch Erinnerungen ausgelöst unter intensiven Angstgefühlen und körperlichen Symptomen leiden, in der Vermeidung dieser Gefühle emotionale Betäubung entwickeln und schließlich die Fähigkeit verlieren, ihre Affekte situationsgerecht zu steuern. Die Überlebenden bleiben wie in einem gegenwärtigen Erlebnis eingeschlossen, anstatt es als etwas Vergangenes wahrzunehmen. Nach einer langen Geschichte des Vergessens und des Erinnerns des traumabezogenen Wissens begann 1980 mit der Aufnahme der Posttraumatischen Belastungsstörung in das DSM III die moderne Lehre und Erforschung von Trauma und Traumafolgestörungen und Traumagenesung. Als wichtigste Einflussfaktoren werden heute komplexe Wechselbeziehungen zwischen psychologischen, biologischen und sozialen Faktoren erkannt. Die Suche nach notwendigen und angemessenen Hilfsmöglichkeiten ist in den Mittelpunkt des Interesses gerückt.

Exposition oder Stabilisierung

Lange Zeit ging man davon aus, dass vergrabene Erinnerungen ans Tageslicht befördert werden müssten, damit sich die Überlebenden von den Folgen eines Traumas befreien können. Dies gilt nach heutigem Wissen eher für akute Monotraumata, als für sequenzielle Traumata und Entwicklungstraumata. Bei den letztgenannten Traumata sollte der Hilfsprozess so lange nicht auf die traumatischen Erinnerungen ausgerichtet sein, bis die Überlebenden sich im Alltag sicher fühlen und über befriedigende Affektregulierungen verfügen, um dann später mit dem Stress umgehen zu können, der mit den dunklen Aspekten ihrer Lebensgeschichte verbunden ist (Herman, 2003). Unterschiedliche Formen der Stabilisierung geben den Klienten ihr Leben zurück. Sie erleben eine bedeutungsvolle Gegenwart, anstelle immer wieder ungewollt in die bedrohliche Vergangenheit zu geraten. Erkenntnisse aus der Wissenschaft der Neurobiologie zeigten sich als hilfreich, die These der notwendigen Stabilisierung zu untermauern. Menschen, die vorzeitig mit ihren traumatisierenden Kindheitserfahrungen konfrontiert wurden, zeigten hohe Aktivitäten in den subkortikalen Strukturen des limbischen Systems (Mittelhirn), während weite Bereiche des Neocortex (Großhirnrinde), zuständig für gut durchdachte intelligente Lösungen, inaktiv wurden, unter anderem auch das Broca-Sprachzentrum. Die Betroffenen waren, wie in den ursprünglich traumatisierenden Erlebnissen „sprachlos vor Schreck“, „ihnen fehlten die Worte“. Affektive Überflutungen verhindern demzufolge durchdachte und planbare selbstwirksame Handlungen im Alltag und Zugriff auf Sprache (Kolk, 2015).

Kinder, die von ihren Bezugspersonen misshandelt, missbraucht oder vernachlässigt wurden, sind überfordert, auf der kognitiven Ebene des Gehirns nach Lösungen zu suchen. In der traumatischen Bedrohung versagen die üblichen Formen der Informationsverarbeitung. Das Kind ist einer Überflutung mit diffusen Panikreaktionen, einer Mischung aus Angst, Ekel, Wut, Demütigung, Hass und Ohnmacht ausgesetzt. Das Gehirn schaltet auf Notfall.

In der Notschaltung stehen die exekutiven äußeren Schichten des Frontalhirns nicht zur Verfügung, die Irritationen auf dieser Ebene stecken die darunterliegenden Schichten an, das limbische System und das Stammhirn. Traumatisierte Kinder funktionieren in der unerträglichen Bedrohung mit den archaischen Überlebensmustern, die in den tieferen Hirnschichten gesteuert werden, sie geraten in Kampf- und Flucht-Zustände, in Erstarrung oder Unterwerfung. Je häufiger diese Notfallprogramme genutzt werden müssen, umso deutlicher werden diese Verhaltensweisen der körperlichen Übererregung (Kampf und Flucht) und der körperlichen Untererregung (Erstarrung und Unterwerfung) Teil der Persönlichkeit des Kindes. Das Gehirn strukturiert sich nutzungsbedingt, der Notfall wird zum Normalfall, auch geringerer Stress führt zu Notfallreaktionen. Verzerrte Wahrnehmungen haben desaströse Reaktionsformen zur Folge. Ein erhöhtes Reizbarkeits- und Gewaltpotenzial tritt parallel zu geringer Ansprechbarkeit in Bezug auf die Konsequenzen des eigenen Verhaltens auf.

Die heutige Forschung bezüglich der Folgen von traumatischem Stress konzentriert sich auf die Langzeitfolgen von toxischem Stress, auf epigenetische Folgen und auf das Zusammenwirken von Resilienz und chronisch toxischem Stress.

Langzeitfolgen

Chronisch toxischer Stress kann eine Störung der Hirnentwicklung hervorrufen und zur Beeinträchtigung der Funktionsweise des Nervensystems und des Immunsystems führen und dadurch lebenslang Gesundheit und Krankheit beeinflussen (Scaer 2014, Hüther 2005). Die so genannte ACE-Studie (Adverse Childhood Experience Study) nennt am deutlichsten und intensivsten die Folgen von chronisch traumatischem Stress im Kindesalter auf die Gesundheit im Erwachsenenleben. Vincent Felitti hatte in den USA mit 17.337 Probanden untersucht, inwieweit belastende Kindheitserfahrungen zu signifikanten seelischen und körperlichen

Auswirkungen im Erwachsenenalter führten. Erlebnisse wie frühe Verluste von Bindungspersonen, Suchterkrankungen oder psychiatrische Erkrankungen bei den Eltern, fortlaufende Demütigung und Entwertung, körperliche und sexuelle Gewalt, sowie chronische Vernachlässigung führen zu einer dauerhaften Schädigung des Immunsystems und im Erwachsenenalter zu einem höheren Risiko für Krebs, koronare Herzerkrankung, chronisch beeinträchtigte Lungenfunktion (COPD), Diabetes und Schlaganfall (Felitti 2002). In einigen Staaten der USA wurde die Studie fortgesetzt (Behavioral Risk Factor Surveillance System). Diese Folgestudien bestätigten die Ergebnisse der ersten Studie von 1997 (Gilbert et al. 2015). Für die BRD stellen die Autoren der Deutschen Traumafolgekostenstudie fest: „Traumatisierung in Kindheit/Jugend stellt eine unter mehreren Einflussgrößen in einem biopsychosozialen Modell dar, die das Risiko, eine bestimmte Krankheit oder Störung zu erleiden, messbar erhöht“ (Habetha et al., S. 93).

Eine andere Untersuchung bestätigt die Annahme, dass emotionale Misshandlung ebenso verheerend auf Heranwachsende wirken kann, wie Gewalt oder Vernachlässigung. Wer sein Kind ständig demütigt, ihm die Zeugenschaft von männlicher Gewalt gegenüber Frauen zumutet oder das Kind zur Versorgungsperson für jüngere Geschwister angesichts suchtkranker Eltern werden lässt, kann durch diese „Ohrfeigen für die Seele“ ebenso schaden wie mit Prügel (Vachon et al. 2015). Ein Forscherteam um Naomi Eisenberger hat an der University of California in Los Angeles bewiesen, dass bei sozialer Zurückweisung und Ausgrenzung dieselben Areale des Gehirns aktiviert werden, wie bei körperlichen Schmerzen. Im Blickpunkt der Forscher liegt der vordere singuläre Kortex (Eisenberger et al. 2003). Ausgeschlossen sein, nicht dazu gehören, sozial geächtet sein aktiviert dieselben neuronalen Muster. Keiner ist da, um auf das Verlangen nach Bindung zu reagieren. So entwickeln sich traumatisierte Kinder zu Menschen, die den Glauben daran verloren haben, dass es jemand gut mit ihnen meint. Allein sein und Schmerz sind normal, andere Menschen machen Angst. Die Selbstregulation und der Umgang mit Stress sind lebenslang erschwert.

Epigenetik

Der Wissenschaftszweig der Epigenetik befasst sich mit der Frage, inwiefern Erlebtes und Erfahrenes nicht nur die körperlichen Funktionen beeinträchtigen kann, sondern darüber hinaus auch Einfluss auf die Erbinformationen (Genom) hat. In unserem Erbgut liegen ca. 30.000 Gene, aber nicht alle sind aktiv. Kleine Moleküle, so genannte Methylgruppen bestimmen, wie aktiv ein Gen ist. Forscher des Max-Planck-Institutes für Psychiatrie in München konnten nachweisen, dass erheblicher traumatischer Stress in der Kindheit zu einer Veränderung eines Stress-Regulierungs-Gens führt (Abschaltung der Methylgruppen), die auch an die nachfolgende Generation vererbt werden kann (Klengel u. Binder 2013).

Unter dem Stichwort „pränatale Programmierung" wird erforscht, ob während der Schwangerschaft Einflüsse im Mutterleib die Stressanfälligkeit der Kinder prägen (Bolten 2013). So viel scheint sicher zu sein: Mütter unter hohem Stress überfluten ihre heranreifenden Nachkommen mit Stresshormonen. Die Kinder „lernen" schon früh, dass sie in einer bedrohlichen Umgebung aufwachsen und entwickeln demzufolge eine besonders anfällige Stressverarbeitung mit geringerer Resilienz, wie zum Beispiel Kindern von Müttern in New York, die von dem Angriff auf die Türme des World Trade Centers betroffen waren (Yehuda 2005) oder Kindern von Müttern, die in den Niederlanden 1944 von einer Hungersnot betroffen waren (Painter et al. 2008). Bei der niederländischen Studie zeigten sich später signifikant gesundheitliche Beschwerden sowohl bei den Müttern, als auch bei den später erwachsenen Kindern, die nicht durch die frühe Mangelernährung der Mütter zu erklären sind. Auch Holocaust-Überlebende haben ihre Traumata epigenetisch an ihre Kinder weitergegeben. Sie leiden signifikant häufiger an stressbedingten Erkrankungen (Yehuda et al. 2016). Forscher versetzt immer wieder in Erstaunen, dass Kinder traumatisierter Eltern sogar die gleichen Träume haben wie ihre Eltern.

Wie passen all diese Forschungsergebnisse zu der Annahme, dass eigentlich Vererbung dazu dienen soll, die Nachkommen gesünder und kräftiger in die Welt zu schicken? Was der Fötus im Mutterleib erlebt, ist sozusagen eine Vorschau für sein Leben. Epigenetische Veränderungen helfen dem Organismus dabei, sich auf zu erwartenden Stress sensibler vorzubereiten. Ist das Stress-System vorgewarnt, kann man sich in feindlicher Umgebung entweder schneller durchsetzen oder man kann schneller Schutz finden. Wenn sich dann im Leben die Katastrophenerwartungen nicht erfüllen, können diese Fehlanpassungen zu Krankheiten oder psychischen Störungen führen.

Zukünftige Forschung wird sich damit beschäftigen müssen, ob sich eine besonders liebevolle Umgebung in den ersten Lebensjahren epigenetische Veränderungen wieder rückgängig machen kann. Erste Ergebnisse in Tierversuchen deuten darauf hin. Eine Forschergruppe der Universität Zürich um Isabelle Mansuy konnte nachweisen, dass positive Umweltfaktoren stressbedingte Verhaltensveränderungen auf genetischer Ebene korrigieren können, die sonst auf Nachkommen vererbt werden würden (Gapp et al. 2016).

Unterschiedliche Entwicklungsverläufe (Trajektorien)

Bei der Frage, ob denn jede Traumatisierung auch Traumafolgestörungen nach sich zieht, kann die Forschung ebenfalls Antworten geben. In zahlreichen Untersuchungen wurden unterschiedliche Entwicklungsverläufe ermittelt. Insgesamt scheinen chronische Symptomverläufe nach innerfamiliärer Gewalt häufiger aufzutreten als nach außerfamiliärer Traumatisierung. In einer Studie mit 1.420 Kindern, die traumatischen Stress erlebt hatten und im 9., 11., 13. und 16. Lebensjahr untersucht wurden, zeigten nur 13 % posttraumatische Stress-Symptome, nur 0,5 % zeigten ein PTBS-Vollbild (Ungewolltes Wiedererleben, Vermeidungsverhalten, körperliche Übererregung), meist Kinder, die physische oder sexuelle Gewalt zu erleiden hatten. Als Co-Symptomatik erschien bei ihnen Angststörungen oder Depressivität (Copeland et a. 2007).

Bei einer Untersuchung von 175 Kindern, die einen Unfall mit Verletzung erlitten hatten zeigten sich 57 % über 2 Jahre danach resilient (erheblich unter einem klinischen Wert einer PTBS), 33 % erholten sich in den ersten 4 bis 6 Wochen danach von ihren Stress-Symptomen. Nur 10 % litten unter chronischen Symptomen einer PTBS (Le Brocque et al. 2010). Sieben Monate nach den Anschlägen in Oslo und auf der Ferieninsel Utøya wurden die Daten von 10.220 Jugendlichen in Norwegen ausgewertet, 20 % der Befragten kannten direkt Betroffene. 80 % berichteten, dass sich ihre Weltsicht geändert hätte, doch nur 0,8 % zeigten Symptome des Wiedererlebens, 5 % Vermeidungssymptome und 1,1 % Symptome der körperlichen Übererregung. Das Ereignis hatte also nur bei einer geringen Anzahl von Jugendlichen PTBS-Symptome zur Folge, hatte jedoch bemerkenswerte Spuren bei der Einschätzung wesentlicher Lebensthemen bei norwegischen Jugendlichen hinterlassen (Nordanger 2013).

In den USA untersuchte eine Forschungsgruppe 7.258 Kinder und Jugendliche, die extrem unter dem Hurrikan Katrina und seinen Folgen gelitten hatten. Nach vier Jahren hatten 52 % nach wie vor nur geringe Symptome (resilient), weitere 21 % hatte sich von zunächst starker Anfangssymptomatik erholt. Eine Gruppe von 18 % zeigte eine über den gesamten Zeitraum anwachsende Symptomatik, eine vierte Gruppe von 9 % zeigte von Anfang an eine starke Symptomatik im Sinne einer PTBS (Osofsky et a. 2015).

Eine andere Forschungsgruppe fand heraus, dass nach Überfällen mit Schusswaffen auf viele Menschen („mass shootings“) sich 61 % der Betroffenen resilient zeigten, 30 % nach zunächst starker Symptomatik genesen konnten und nur 9 % chronische Symptome entwickelten (Orcutt et al. 2014).

Auf den Punkt gebracht:

- Zur Genesung von Traumafolgestörungen sind vorrangig Methoden der Stabilisierung angemessen – je intensiver eine Traumatisierung erfolgt ist, umso langfristiger.

- Sequenziell wiederholte intensive Traumatisierungen in der Kindheit können das Immunsystem schädigen und epigenetisch die Erbinformation von Menschen beeinflussen – je früher sie erfolgen umso massiver.
- In einer Vielzahl von Studien wurde bewiesen, dass sich Kinder und Jugendliche von traumatischem Stress erholen können – bei außerfamiliärer Traumatisierung deutlicher als bei innerfamiliärer Traumatisierung.

3 Risikofaktoren, Resilienz und posttraumatisches Wachstum

In posttraumatischen Prozessen stehen Risikofaktoren Schutzfaktoren gegenüber, die bei außerfamiliärer Traumatisierung kräftiger wirken, als bei innerfamiliärer Traumatisierung. Doch auch hierbei sind resilienzfördernde Faktoren erforscht worden. Posttraumatisches Wachstum stellt einen zusätzlichen Aspekt salutogenetischer Orientierung dar.

Eine Reihe von Menschen funktioniert nach einem Trauma für viele Jahre nicht mehr wie vorher. Ihre Reaktionen haben für viele Jahre die Literatur über Trauma und Verlust dominiert. In der Resilienzforschung, die sich damit beschäftigt, wie Menschen trotz widriger Umstände angesichts von Not, Trauma und Gefährdung gedeihen können, werden Risikofaktoren so genannten salutogenetischen Faktoren, die zu Genesungsprozessen führen, gegenübergestellt. Als Risiko-Faktoren gelten:
- niedriges Alter
- Minderheitenstatus
- niedriger sozioökonomischer Status
- psychische Störungen
- Schwere der Traumatisierung
- Dauer und Häufigkeit der Traumatisierung
- wahrgenommene Lebensgefahr
- Tod oder Verletzung bekannter Personen
- eigene Verletzung
- unangemessenes Verhalten von Bezugspersonen
- mangelnde soziale Unterstützung danach
- dysfunktionale Bewältigungsstrategien
- weitere belastende Lebensereignisse

Die Abwesenheit möglichst vieler Risikofaktoren erleichtert die Verarbeitung der Traumatisierung.

Resilienzfaktoren nach außerfamiliären Traumata

Als wichtigster Prädiktor für den Schutz vor einer posttraumatischen Belastungsstörung hat sich bei Menschen jeden Alters, vor allem bei Kindern und Jugendlichen, die soziale Unterstützung erwiesen. Die Dauer und Intensität des Traumas und die Qualität der Unterstützung durch das Familiensystem entscheidet bei außerfamiliärer Traumatisierung darüber, ob eine chronische Folgestörung zu erwarten ist. Resiliente Familien haben Ressourcen entwickelt, die ihnen ermöglichen, salutogenetisch mit schweren Belastungen umzugehen. Sie

- akzeptieren die Krise
- entwickeln eine familienorientierte Sichtweise
- konzentrieren sich auf eine lösungsorientierte Sichtweise
- zeigen in Zeiten der Krise eine erhöhte Kooperation
- bemühen sich um emotionale Offenheit im Ausdruck von Gefühlen
- tauschen unterschiedliche Standpunkte aus
- sind gern miteinander zusammen
- sind in ihrer Rollenaufteilung flexibel
- haben effektiven Zugang zu Ressourcen
- können mit emotionalen Ausbrüchen bei sich selbst oder anderen umgehen, ohne gewalttätig zu werden
- wissen, dass Alkohol, Drogen oder Medikamente nicht dazu geeignet sind, Stress zu reduzieren. (Figley 1989)

Bei einer Reihe von außerfamiliären Traumatisierungen steht das familiäre Unterstützungssystem nicht sofort zur Verfügung: bei Unfällen, Überfällen, Tierangriffen, Krankenhausaufenthalten. Kern der Traumatisierung ist fast immer extremes Gefühl der Einsamkeit, „von Gott und den Menschen verlassen", gepaart mit

Hilflosigkeit und Ohnmacht. Doch durch rasche soziale Unterstützung können die Folgen abgemildert werden, auch wenn nicht jede Familie (oder jedes soziale System) über die gesamte Bandbreite salutogenetischer Faktoren verfügt. Bei einigen Traumata sind die Familienmitglieder ebenso direkt in ihrer körperlichen Unversehrtheit gefährdet, so z. B. bei Kriegen, Bürgerkriegen, auf der Flucht, bei Naturkatastrophen. Oder das Trauma besteht aus einer plötzlichen und andauernden Trennung von der Familie, wie z. B. bei Geiselnahmen und Entführungen. Die Verarbeitung der traumatischen Erfahrung wird dann schwerer gelingen als bei einem Monotrauma.

Resiliente Faktoren bei innerfamiliären Traumata

Bei innerfamiliärer Traumatisierung durch schwere Vernachlässigung, emotionale oder körperliche Misshandlung oder sexuelle Gewalt ist die Erfahrung meist durch überwiegende oder vollständige Abwesenheit familiärer Unterstützung gekennzeichnet. Dann werden von Kindern außerfamiliäre soziale Bezugspersonen als „Inseln der Sicherheit" wahrgenommen: andere Verwandte, Kita Erzieherinnen, Lehrer, Verantwortliche in Vereinen oder Kirchengemeinden. Diese Sicherheit bietenden Personen erleichtern das Überleben in bedrohlichen Zeiten, sofern ein äußerer Schutz vor weiteren Traumatisierungen (noch) nicht sichergestellt werden kann.

In der Emmy-Werner-Studie, in der ein kompletter Geburtsjahrgang auf einer Hawaiiinsel in regelmäßigen Abständen 40 Jahre lang untersucht wurde (1955-1995), zeigte sich, dass Kinder und Jugendliche trotz erheblich eingeschränkter Startbedingungen auf Seiten der Eltern (z. B. Armut, Alkohol- und/oder Drogenkonsum, Delinquenz, psychiatrische Erkrankungen, chronische Krankheiten) einen positiven Lebensweg einschlagen konnten. Zu resilienzfördernden Faktoren zählten bei ihnen mindestens durchschnittliche schulische Kompetenz und ein Temperament, das positiv auf Lehrer und Freunde wirkte. So gelang es ihnen, in Bindung an außerfamiliäre Erwachsene, die zu ihren Mentoren wurden, Vertrauen in die eigenen Fähigkeiten zu finden. Die Mentoren förderten ihr Selbstvertrauen, stellten ihnen Aufgaben, die zu bewältigen waren und belohnten Selbständigkeit und Initiative. Zusätzlich wirkte die Zugehörigkeit zu sozialen Gruppen (Kirche, Kommune, Sportverein) mit klaren Regeln und Strukturen resilienzfördernd. Im Alter von 32 und 40 Jahren zeigten sie allerdings deutlich positivere Resultate als mit 18 Jahren. Trotz ethnischer und historischer Besonderheiten gelten die Ergebnisse der Emmy-Werner-Studie auf die USA und Europa übertragbar (Grossmann 2003).

Die effektivste Möglichkeit, Resilienz bei Kindern zu fördern, stellt ein unterstützendes, schützendes und angemessen herausforderndes Umfeld dar, in welchem sie emotional und kognitiv wachsen können. Ein solches Umfeld beinhaltet liebevolle Beziehungen zu Bezugspersonen, klare Rollenmodelle, gute Beziehungen zu Gleichaltrigen, effektive Lernmöglichkeiten, Schutz vor unkontrollierbarem Stress, wiederkehrende zu bewältigende Herausforderungen und ausreichende ökonomische Ressourcen. Ein solches Umfeld fördert die beste Widerstandskraft vor traumatischem Stress (Masten 2014).

Posttraumatisches Wachstum

Lawrence Calhoun und Richard Tedeschi beschäftigen sich mit einem Phänomen, das ebenfalls die andere Seite von Traumafolgestörungen darstellt: mit posttraumatischem Wachstum. Hier wird beobachtet, dass einige Menschen nach traumatischen Erlebnissen neue Qualitäten im Leben entwickeln. Es gelingt ihnen, das eigene Leben und die Menschen in ihrer Nähe deutlicher wertzuschätzen. Dinge, die andere Menschen für ganz normal erachten und daher fast überhaupt nicht beachten, finden bei ihnen besondere Aufmerksamkeit: die Schönheit der Natur, Gerüche, Geschmäcker, Farben und die Lebendigkeit jedweden Lebens überhaupt. Der

Wert von zwischenmenschlichen Beziehungen gerät in ein neues Licht. Manche entwickeln spirituelle Sichtweisen, die vorher nicht vorhanden waren. Einige Menschen entwickeln neue Ziele im Leben und trennen sich von bisherigen Grundannahmen. Es scheint, als wenn durch die Begegnung mit der eigenen Verletzlichkeit die eigenen Stärken deutlicher ins Bewusstsein geraten. Posttraumatisches Wachstum zeigt sich nicht unbedingt alternativ zu posttraumatischen Belastungen, sondern durchaus auch parallel dazu (Zöllner et al. 2006).

Auf den Punkt gebracht:

- Unterschiedliche Traumatisierungen beinhalten unterschiedliche Risikofaktoren.
- Rasche soziale Unterstützung durch ein familiäres oder soziales Beziehungsgeflecht verringert das Risiko chronischer posttraumatischer Symptomatik nach außerfamiliären Traumata.
- Außerfamiliäre soziale Unterstützung kann auch bei innerfamiliären Traumata die Folgen abmildern, trotz (noch) nicht erfolgter äußerer Sicherheit.
- Parallel oder alternativ zu posttraumatischen Belastungen kann sich posttraumatisches Wachstum entwickeln.

4 Trauma und Traumadynamik

Bei der Betrachtung der Folgen von Traumatisierungen sind sowohl Aspekte zu beachten, die zum Forschungsfeld der Neurobiologie gehören, als auch Ergebnisse aus der Bindungsforschung. Das Konzept des „guten Grundes“ und das des „Fensters der Toleranz“ sind untrennbar mit den Sichtweisen der modernen Psychotraumatologie verbunden.

Neurobiologie

Gerät ein Mensch in eine existenzielle Bedrohung, sucht er in seinem Entsetzen zunächst jemanden, der ihn dort herausholt, parallel zur Ausschüttung von Oxytocin (Bindungshormon). Führt der so genannte Bindungsschrei („Hilfe“, „Mama“, „Oh mein Gott“) nicht zum gewünschten Erfolg, tritt mit den körpereigenen Hormonen Adrenalin und Noradrenalin, die in der Nebennierenrinde produziert werden, das Flucht- und Kampfsystem in Aktion. Aus uns wird „Superman“ bzw. „Wonder Woman“: Durch erhöhten Herzschlag und die Freisetzung von Blutzuckerreserven werden wir putzmunter und verfügen über Kräfte, von denen wir nicht angenommen haben, dass wir über sie verfügen. Ist in einer traumatischen Situation weder Entweichen noch Kampf möglich, befinden wir uns also in der traumatischen Zange (Huber 2003). Wir werden starr vor Schreck. In diesem Zustand der Erstarrung hat unser Gehirn auf Notfall geschaltet. In einer solchen Situation existenzieller Bedrohung sind unsere filigranen Strukturen der äußeren Rinde des Gehirns überfordert. Unsere Großhirnrinde, der Neocortex, wird zum größten Teil in einen vorübergehenden Betriebsurlaub versetzt (einschließlich des Broca-Sprachzentrums), die subkortikalen Strukturen des limbischen Systems und des Stammhirns übernehmen die Regie und sorgen durch eben diesen Zustand des Erstarrens oder der Unterwerfung (Totstell-Reflex, Dissoziation) für das Überleben des Menschen. Das ist eigentlich ganz klug eingerichtet, dass immer dann, wenn die äußeren filigranen Schichten des Gehirns überfordert sind, die nächst tieferen primitiveren Schichten allein in Aktion treten. Dann ist man „sprachlos vor Schreck", „es fehlen die Worte" und der Schreck „sitzt in allen Gliedern."

Nur, diese klug eingesetzte Notfallschaltung hat auch ihre Tücken. Ein winziger Teil des limbischen Systems, die so genannten Mandelkerne (Amygdalae), übernimmt die Aufgabe des Rauchmelders und schlägt immer dann Alarm, wenn ein aus der ursprünglich bedrohlichen Situation ähnliches Fragment – auch in ungefährlichen Situationen – wieder auftaucht: ein Bild, ein Geräusch, ein Geruch, eine Körperempfindung oder eine Emotion. Und dann schaltet das Gehirn erneut auf Notfall, zunächst ungeprüft. Wieder steht der Neocortex nicht zur Verfügung, wieder erstarrt der Mensch oder rutscht herunter in den Totstell-Reflex. Andere geraten in Übererregung und schlagen um sich, tun das, was in der ursprünglichen Situation nicht möglich war. In der Fachsprache heißt dieses Erinnertwerden durch Traumafragmente „angetriggert sein". „Trigger" sind die halbrunden Hebel an Gewehren oder Pistolen, die Auslöser. Es geht so schnell wie ein Schuss, dass sich Wahrnehmungen und Emotionen aus der Vergangenheit vor die Gegenwart schieben. Es ist, als passiert die existenzielle Bedrohung immer wieder erneut.

Die Polyvagal-Theorie

In den letzten Jahren hat Stephen Porges mit seiner Polyvagal-Theorie einen wesentlichen Beitrag dazu geleistet, das autonome Nervensystem des Menschen zu verstehen (Porges 2017). Der Autor beschreibt drei Reaktionskomplexe, die sowohl Einfluss auf den Gesichtsausdruck als auch auf die Eingeweide (viszerales System) haben. Er geht davon aus, dass das autonome Nervensystem unabhängig vom Bewusstsein (Neocortex) permanent einschätzt, inwieweit eine Situation und die soziale Umgebung ungefährlich, gefährlich oder lebensbedrohlich ist. Drei hierarchisch organisierte Subsysteme des autonomen Nervensystems reagieren auf Stimuli aus der Umgebung. In nicht bedrohlichen, sicheren Situationen reagiert der vordere (ventrale) parasympathische Vagusnerv mit Aktionen, die es erlauben, uns auf die Umgebung einzulassen, positive Bindungen und soziale Beziehungen zu entwickeln. Bei Gefahr reagiert das weniger flexible sympathische Nervensystem und aktiviert Überlebensmechanismen. Über die Alarmierung der Amygdala (limbisches System) wird die Atmung beschleunigt, die Muskeln werden durchblutet und die Blutzufuhr zum Kortex verringert. Flucht- und Kampf-Aktivitäten, die viel Energie benötigen, werden ausgeführt.

Wenn weder das soziale Engagement, noch Flucht- und Kampf-Reaktionen die Sicherheit gewährleisten, tritt der hintere (dorsale) parasympathische Vagus in Aktion, sozusagen die primitivste und letzte Verteidigungslinie. Dieses System bewirkt eine Immobilisierung in Form von Totstellen, Reglosigkeit und Ohnmachtszuständen. Durch chronische (also: wiederholte) Immobilisierung entstehen dissoziative Symptome wie motorische Schwäche, Lähmungserscheinungen, Störungen der Wahrnehmung innerer Körperempfindungen, Verwirrungszustände und Aufmerksamkeitsdefizite. Diese Symptome wirken oft verwirrend und werden als Depression oder passiv-aggressives Verhalten verstanden. Sie erklären sich eher, versteht man diesen Teil der Trauma-Dynamik.

Merke: Reaktionen des autonomen Nervensystems

- Sichere/unsichere Situationen – Eingehen auf Beziehungen oder Abwenden ohne Stress (vorderer parasympathischer Vagusnerv)
- Gefährliche Situationen – Aktivierung von Flucht- und Kampf-Reaktionen (Sympathisches Nervensystem)
- Lebensgefährliche Situationen – Erstarrung, Totstell-Reflex, Ohnmacht (hinterer parasympathischer Vagusnerv)
- Alle drei Reaktionen erfolgen mit geringer oder ohne Beteiligung des Neocortex!!!

Der gute Grund

Durch die Trauma-Brille betrachtet haben viele Verhaltensweisen von Menschen, die zunächst auffällig, bizarr oder unverständlich erscheinen, einen guten Grund. Der liegt allerdings in der Vergangenheit und macht demjenigen, der das Verhalten zeigt, das Leben in der Gegenwart schwierig. Bei traumatisierten Menschen, die chronische Symptome entwickelt haben, ist es häufig möglich, Erklärungen für ihre Auffälligkeiten in einem der folgenden Bereiche zu finden:

A *Verhalten aus der traumatischen Situation:* Es war beispielsweise hilfreich, durch Totstell-Reflex emotional zu überleben, also wird es angewandt, wenn Amygdala wieder Alarm schlägt.

B *Verhalten, das in der traumatischen Situation nicht möglich war, aber jetzt:* So hat jemand vielleicht eine „Mordswut“ entwickelt, konnte sie jedoch wegen körperlicher Unterlegenheit nicht zum Ausdruck bringen. Oder jemand wäre am liebsten weggelaufen, konnte es jedoch nicht. Jetzt werden diese Verhaltensweisen angewandt, wenn Amygdala wieder Alarm schlägt.

C *Traumakompensatorisches Verhalten:* Immer wenn jemand durch Fragmente angetriggert wird, sind die Emotionen so unerträglich, dass man unbedingt etwas tun muss, um in andere Zustände zu geraten: sich selbst verletzen, Alkohol oder Drogen zu sich nehmen, Suizidabsichten. Auch einige Ess-Störungen lassen sich hier einordnen.

Kurz: Der gute Grund dieser Verhaltensweisen liegt im Dort und Damals, man „versaut“ sich mit diesem Verhalten jedoch das Hier und Jetzt.

Das Fenster der Toleranz

Bindungsforscher gehen davon aus, dass Babys, die mit Bezugspersonen feinfühliges Bindungsverhalten erleben, ihre Möglichkeiten eigener Affektregulierung von Tag zu Tag erweitern. Sie erleben Menschen, die zuverlässig Bedürfnisse des Kindes wahrnehmen, diese Bedürfnisse angemessen interpretieren und sie prompt und angemessen befriedigen. Dies führt beim Kind nicht nur zu einem „sicheren Bindungsmodell", sondern auch zu einem weiten Fenster der Toleranz. Es lernt mehr und mehr, die Befriedigung von Bedürfnissen aufzuschieben und Gefühle von Unwohlsein jenseits von Übererregung und Untererregung selbst zu regulieren. Sicher gebundene Kinder begeben sich in dieser Welt immer wieder auf Entdeckungsreisen und können bei Gefahr im sicheren Hafen Anker werfen – bei feinfühligen Bindungspersonen. Je älter ein Kind wird, umso weiter führen die Entdeckungsreisen (Brisch u. Hellbrügge 2014). Ein Kind, dessen Bedürfnisse permanent nicht befriedigt werden, das Bezugspersonen hat, die aus welchen Gründen auch immer nicht in der Lage sind, feinfühlig auf seine Signale zu reagieren, wird ein unsicher vermeidendes Bindungsmodell entwickeln. Solche Kinder lernen früh, dass sie sich um sich selbst kümmern müssen. Sie lernen Bindungen zu vermeiden. Eine andere Gruppe von Kindern, die mit Bezugspersonen zusammenleben, die manchmal aufmerksam sind für ihre Bedürfnisse dann aber auch plötzlich wieder nicht, lernt, dass Menschen nicht zuverlässig sind. Unsicher ambivalent wird das Bindungsmodell genannt, das sie entwickeln. Sie stürzen sich auf jedes Beziehungsangebot, sind jedoch nie wirklich zufriedenzustellen.

Am schwierigsten ist es, wenn die betreuenden Bezugspersonen das Kind misshandeln, extrem vernachlässigen oder ihm sexuelle Gewalt antun. Wenn also die Menschen, die für die Sicherheit des Kindes in dieser Welt zuständig sind, das Kind in Gefahr bringen. Dann wird ein Kind ein desorganisiertes Bindungsmodell entwickeln. Es wird sich mehr oder weniger unberechenbar verhalten, hat es doch eine Welt erlebt, die unberechenbar ist. Erlebt das Kind in regelmäßiger Abfolge wiederkehrende bedrohliche Ereignisse, und dazu zählt auch das Miterleben häuslicher Gewalt, besteht die hohe Wahrscheinlichkeit, dass das Kind zwei Zustände am besten kennt: Schreien/Wut und Unterwerfung/Erschöpfung/Dissoziation. Je häufiger diese Notfall-Reaktionen angewandt werden mussten, umso deutlicher werden sie zu Eigenschaften der Persönlichkeit. Gerald Hüther spricht von der nutzungsbedingten Strukturierung des Gehirns (Hüther 2005). Das Fenster der Toleranz wird schmaler, schon bei geringfügigem Stresserleben wird die Notfallschaltung des Gehirns angewandt. Es wird vermutet, dass eine Überproduktion des Stresshormons Cortisol bereits entwickelte Regulierungs-Verschaltungen im Gehirn zerstört. Wo andere sich selbst regulieren können, benötigen diese Kinder Hilfe von außen (Hüther et al. 2012). Manche von ihnen entwickeln ein besonders problematisches Welt- und Selbstbild: Menschen machen Angst, allein sein ist gut, Schmerzen sind gut.

Stehen keine anderen Bezugspersonen zur Verfügung, als die, die das Kind fortwährend schädigen, sei es durch Vernachlässigung oder Gewalt, hat das Kind nur die Wahl zwischen „ungebundenem" Leben oder einer Bindung an die schädigenden Personen. Wenn es nicht das bekommt, was es benötigt, muss es sich damit begnügen, was es bekommt, weil es zu abhängig ist, als dass es sich von gefährlichen Personen trennen kann. Solche Situationen führen bei Kindern zu so genannten pathologischen Bindungen, oft ein Leben lang.

Bruce Perry spricht bei fortgesetzter Misshandlung von einer sensibilisierten Hyperarousal-Antwort des überlebenden Kindes, d.h. spezifische Erinnerungen werden generalisiert. Alltägliche Stressoren führen zu Überreaktionen, Furcht wird schnell zu massiver Angst und zum Erleben von Terror. Dieser dauernde Angstzustand wird zu einer Persönlichkeitskomponente, die durch Impulsivität auffällt. Bei anderen Kindern führen monotone Umwelten, ein Mangel an Berührungen und ein Mangel an Stimuli (Vernachlässigung) eher zu einer sensibilisierten dissoziativen Antwort. Hat ein Kind keinen Erfolg damit, auf seine Not aufmerksam zu machen, gerät es in eine körperliche, kognitive und emotionale Erstarrung. Forderungen und Drohungen vergrößern die Angst, aus der Erstarrung wird Dissoziation. Die Kinder wirken dann empfindungslos, reaktionslos, tagträumerisch, roboterhaft und abwesend. Bei beiden Prozessen werden aus anfänglichen Zuständen im Laufe der Zeit dauerhafte Charakterzüge (Perry et al. 1995).

Ernst zu nehmende Forscher gehen davon aus, dass Misshandlungen in der frühen Kindheit ein eingeschränktes Wachstum des Gehirns zur Folge haben können. Besonders betroffen sein können das Corpus Callosum, der linke Neocortex, der Hippocampus und die Amygdala. Dies habe eine erhöhte Aktivität des limbischen Systems und reduzierte Aktivitäten bei der zerebralen Impulskontrolle zur Folge (Teicher et al. 2003).

Auf den Punkt gebracht:

- In der traumatischen Bedrohung schaltet das Gehirn auf Notfall und die klugen Areale des Neocortex stehen nicht zur Verfügung. Während eines „Angetriggertseins" geschieht dies häufig ebenso.
- Symptomatische Verhaltensweisen von Traumatisierten stellen sinnvolle Reaktionen aus der Vergangenheit dar, erschweren jedoch das Leben in der Gegenwart.
- Sequenziell wiederholtes traumatisches Erleben in der Kindheit kann zu Affektregulierungsstörungen führen, bei denen schon bei geringfügigen Anforderungen Wutausbrüche oder völlige Starre die Folge sein können.

5 Klinische Diagnosen

Innerhalb klinischer Diagnostik nach dem ICD 11 unterscheidet man zwischen einer akuten Belastungsreaktion, einer Posttraumatischen Belastungsstörung und einer komplexen traumatischen Belastungsstörung. Alternativ können auch eine akute Belastungsreaktion oder andere Störungen, die speziell mit traumatischem Stress assoziiert werden diagnostiziert werden. Es stehen gut validierte Test-Instrumente zur Verfügung, die jedoch nicht isoliert angewandt werden sollten.

Diagnosen sind immer Ergebnisse eines sozialen Konstruktionsprozesses. Sie bezeichnen Cluster von Verhaltensweisen, die neurobiologische, biologische, interaktionelle und kulturelle Bedingungsfaktoren beinhalten und oft eine Reaktion auf etwas sind. Der Arzt für Psychiatrie, Psychotherapie und Psychotherapeutische Medizin Volkmar Aderhold meint, dass die derzeitigen Diagnosesysteme soziale, kulturelle und ökonomische Fakten individualisieren und zu Stigmatisierung und Diskriminierung führen, was bestenfalls der Pharmaindustrie hilft. Man müsse einen strategischen Umgang mit ihnen finden, sie aber nicht allzu ernst nehmen. Klinische Diagnosen sind vorübergehende Sichtweisen und sollten in erster Linie dem Verstehen und der Verständigung dienen (Aderhold 2018).

Die ab 2022 gültige internationale statistische Klassifikation der Krankheiten und verwandter Gesundheitsprobleme der Weltgesundheitsorganisation (ICD 11, 2016) differenziert sehr viel stärker als sein Vorläufer (ICD 10, 2001) unterschiedliche stress- und traumaassoziierte Störungen.

Akute Belastungsstörung

Eine akute Belastungsreaktion zeigt sich in vorübergehenden körperlichen, kognitiven und Verhaltenssymptomen als Ergebnis davon, einer extrem bedrohlichen Situation ausgeliefert gewesen zu sein (z. B. von der Natur oder von Menschen verursachte Katastrophen, Kriegsgeschehen, schwere Unfälle, sexuelle Gewalt, Überfälle). Als Symptome können Angst, ein Gefühl von Verwirrung oder Betäubung, Traurigkeit, Wut, Verzweiflung, Überaktivität oder Inaktivität, sozialer Rückzug oder körperliche Erstarrung erkennbar sein. Diese Symptome sind normale Reaktionen auf extreme Stressoren und erfolgen innerhalb von wenigen Tagen danach und können bis zu sechs bis acht Wochen andauern.

Posttraumatische Belastungsstörung (PTBS)

Eine Posttraumatische Belastungsstörung (ICD 11: 6B40), die sich nach einem oder einer Serie von extrem belastenden Ereignissen entwickeln kann, besteht aus:

- Wiedererleben des bedrohlichen Ereignisses (Flashbacks, Alpträume, Erinnerungen) in Verbindung mit überwältigenden Emotionen von Angst oder Horror, oft in der gleichen Intensität wie während des ursprünglichen traumatischen Ereignisses (speziell bei Kindern: Re-Inszenierung im Spiel).
- Vermeidung von Gedanken und Erinnerungen an das Ereignis, Vermeidung von Aktivitäten, Situationen oder Menschen, die an das Trauma erinnern könnten, emotionale Stumpfheit und Gleichgültigkeit gegenüber anderen Menschen (speziell bei Kindern: eingeschränkte Spielfähigkeit, Vermeiden von Ruhephasen, sozialer Rückzug, Regressionen, Verlust von Entwicklungsfähigkeiten).
- Andauernde körperlich wahrnehmbare Bedrohung, z. B. erhöhte Wachsamkeit, gesteigerte Schreckhaftigkeit gegenüber Trauma-assoziierten Bildern, Geräuschen oder Gerüchen (Trau-

ma-Fragmente) (speziell bei Kindern: nächtliches Aufwachen, Ungehorsam, Stimmungswechsel, Hervorrufen körperlicher Schmerzen, Angst vor dem Zubettgehen).
- Die Symptome müssen mindestens einige Wochen andauern und signifikante Beeinträchtigungen in wichtigen Bereichen des Lebens zur Folge haben (persönlich, Familie, Soziales, Bildung, Beruf usw.)

Komplexe posttraumatische Belastungsstörung

Die komplexe posttraumatische Belastungsstörung (ICD 11: 6B41) stellt ebenso eine Reaktion auf ein extrem bedrohliches Ereignis oder eine Folge von bedrohlichen Ereignissen dar, von denen ein Entweichen unmöglich ist (z. B. Folter, Versklavung, Völkermord, andauernde häusliche Gewalt, andauernde sexuelle oder körperliche Gewalt in der Kindheit). Die Belastung zeigt alle Symptome einer PTBS, zusätzlich beinhaltet sie

- ernsthafte und andauernde Probleme bei der Affektregulation
- andauernde Wahrnehmung der eigenen Person als minderwertig oder wertlos, verbunden mit tiefen Gefühlen von Scham, Schuld und Versagen in Bezug auf die traumatischen Ereignisse
- anhaltende Probleme zu anderen Menschen Nähe zu entwickeln und aufrecht zu erhalten.

Die komplexe posttraumatische Belastungsstörung verursacht signifikante Beeinträchtigungen in wichtigen Bereichen des Lebens (persönlich, Familie, Soziales, Bildung, Beruf usw.)

Das ICD 11 bietet noch andere traumaassoziierte Diagnosen an, die hier nur im Überblick erwähnt werden sollen: Unangemessen distanzloses Verhalten (als Ergebnis von Vernachlässigung oder Deprivation in der Kindheit), andere bestimmte oder unbestimmte Störungen, die mit Stress assoziiert werden (6B4Z und 6B4Y), Opfer von Kriminalität oder Terrorismus (QE80), Erleben von Naturkatastrophen, Krieg oder anderen Feindseligkeiten (QE81), persönliche Geschichte von Misshandlung (QE82), persönliche Erlebnisse von Furcht in der Kindheit (QE83).

Traumafolgestörungen bei Kindern

So detailliert die unterschiedlichen Störungen und Symptome auch beschrieben werden, eine aussagekräftige Diagnostik bei Kindern und Jugendlichen anhand dieser Kriterien fällt trotzdem schwer. Die mangelnde Berücksichtigung von entwicklungspsychologischen Aspekten und die bei Kindern schwer zu erfassenden Symptome wie intrusive Erinnerungen und übersteigerte Wachsamkeit erschweren eine PTBS-Diagnose. Eine in den USA veröffentlichte Studie konnte zeigen, dass wegen mehrfacher Traumata in Behandlung befindliche Kinder zu weniger als einem Viertel die Kriterien der Diagnose PTBS erfüllten, dafür aber eine Fülle von anderen Störungen aufwiesen (Spinazzola et al. 2005). Es besteht eine hohe Wahrscheinlichkeit, dass Traumafolgestörungen bei Kindern und Jugendlichen als komplexe ganzheitliche Schädigung betrachtet werden muss, die unterschiedliche Lebensbereiche betreffen kann. Es werden in der Fachliteratur als Traumafolgestörungen oder als parallel zur PTBS bei Kindern und Jugendlichen depressive Störungen, Angststörungen, Zwangsstörungen, somatoforme Störungen, Störungen des Sozialverhaltens, Verhaltensstörungen, ADHS, Affektregulationsstörungen, Entwicklungsstörungen, Suchtverhalten, oppositionelles Verhalten genannt (Schmid et al. 2010).

Bei Kindern und Jugendlichen sind nach erlittener Traumatisierung unterschiedliche Verläufe möglich: keine Symptombildung lebenslang, anfängliche Resilienz mit Symptombildung nach erneuter Traumatisierung, anfängliche Trauma-Folgestörung mit Ausheilung, lebenslange Trauma-Folgenstörung. Eine Erhebung von Perkonigg et al. (2000) zeigt die höchsten Risiken für die Entwicklung einer PTBS nach sexueller Gewalt, nach Kriegserlebnissen, nach unerwartetem Tod bzw. lebensbedrohlicher Situation eines nahen

Angehörigen, besonders bei Kindern, die sehr früh einem solchen Erlebnis ausgesetzt waren.

Wer an Messinstrumenten für Kinder und Jugendliche nach traumatischen Erfahrungen interessiert ist, findet auf der Webseite von Thomas Hensels „Kinder-Trauma-Institut" einen guten und regelmäßig aktualisierten Überblick (www.Kindetraumainstitut.de). Besonders zu erwähnen ist der gut validierte Revisited Children Impact of Event Scale (CRIES 8), der von der Webseite der norwegischen Organisation „Children and War Foundation" (www.childrenandwar.org) in vielen unterschiedlichen Sprachen heruntergeladen werden kann.

Auf den Punkt gebracht:

- Diagnosen sind vorübergehende Phänomene und sollten damit nicht als wahr, sondern bestenfalls als nützlich aufgefasst werden.
- Eine klinische Diagnose der Posttraumatischen Belastungsstörung nach den Kriterien des ICD erfasst nur einen geringen Teil der Kinder und Jugendlichen, die unter Traumafolgestörungen leiden.
- Traumafolgestörungen zeigen sich in anderen Auffälligkeiten oder als so genannte Komorbiditäten zusammen mit Symptomen einer PTBS.
- Auch wenn solide Testinstrumente zur Verfügung stehen, ist eine isolierte Orientierung an PTBS-Symptomen wenig hilfreich. In Ergänzung dazu ist die Frage zu klären, ob das Kind oder die/der Jugendliche eine traumatische Belastung erleiden musste und ob dies zur Symptombildung führte.

6 Stabilisierung als Bestandteil von Trauma-Therapie und Trauma-Beratung

Sowohl in der Trauma-Therapie als auch in der Trauma-Beratung stellt die äußere und innere Stabilisierung einen wesentlichen Anteil der Arbeit mit Traumatisierten dar.

Wurde in früheren Zeiten unter Traumatherapie vorrangig verstanden, dass das Trauma „aufgearbeitet“ werden sollte, ist heute die fachlich verbreitete Sichtweise, dass besonders nach sequenziellen Traumata und Traumata in der kindlichen Entwicklung Menschen dabei Hilfe bekommen sollten, ihren Alltag besser zu bewältigen und mit Symptomen selbstwirksamer umzugehen. Im englisch-amerikanischen Sprachraum hat sich der Begriff „Forward Trauma Therapy“ im Gegensatz zur auf schnelle Trauma-Exposition gerichtete „Backward Trauma Therapy“ entwickelt. Die Seele wird nicht vorrangig traumabezogen „aufgeräumt“, sondern gegenwarts- und zukunftsbezogen „stabilisiert“. In diesem Punkt unterscheiden sich Traumaberatung und Traumatherapie meines Erachtens nicht voneinander.

Ob das, was jemand in der Erziehungsberatung tut, nun dem Begriff Therapie oder Beratung zuzuordnen ist, hängt von anderen Faktoren ab. Ein Aspekt ist sicher der ausgeübte Beruf. Ist jemand Kinder- und Jugendlichenpsychotherapeut oder Psychologischer Psychotherapeut, kann er oder sie streng genommen Psychotherapie ausüben, während eine z. B. Sozialpädagogin Beratung ausübt. In Erziehungsberatungsstellen verwischen sich allerdings die Grenzen, weil beide Berufsgruppen hier ja den Auftrag haben, zur Symptomreduzierung Beziehungsarbeit zu leisten. Beide Berufsgruppen unterstützen Eltern dabei, ihre Ressourcen zu nutzen und zu erweitern. Sie unterstützen Kinder und Jugendliche dabei, ihre entwicklungsbedingten Herausforderungen zu meistern.

Idealerweise tun sie dies in einem bindungsorientieren Mehrpersonen-Setting (Familie, Teilfamilie, Wohngruppe, Pflegefamilie usw.).

Ob jemand nun explizit Traumatherapie betreibt, hängt eher davon ab, ob er oder sie eine traumaspezifische Weiterbildung absolviert hat und über Interventionen der Stabilisierung hinaus auch ausreichend Kenntnisse und Erfahrungen hat, Klienten bei der so genannten Traumaexposition, der Begegnung mit Bildern, Affekten und Körpererinnerungen aus den ursprünglichen bedrohlichen Erfahrungen zu unterstützen. Und hier ist wiederum bekannt, dass manche dieser Weiterbildungen ausschließlich Ärzten und psychologischen Psychotherapeuten zugänglich sind, z. B. Weiterbildungen in der Methode des EMDR (Eye Movement Desensitization and Reprocessing).

Eine Reihe von Interventionen werden also Teil von Traumaberatung und ebenso Teil von Traumatherapie sein, die so genannte Stabilisierung. Bereiche von Stabilisierung betreffen:

- *Die äußere Sicherheit.* Es ist nur möglich, sich von traumatischem Stress zu erholen, wenn diese existenzielle Bedrohung – oder eine andere – nicht weiter anhält. Eine notwendige Anerkennung und Wertschätzung der erlittenen Qualen können nur dann bei Betroffenen wirkungsvoll sein, wenn diese Qualen beendet sind.
- *Eingebundensein in soziale Gemeinschaften und Teilnahme an gemeinsamen Aktionen, die von anderen Menschen positiv gewertet und geschätzt werden.* Im Trauma fühlt sich der Mensch „mutterseelenallein", selbst wenn um ihn herum viele andere Menschen etwas Ähnliches erleben, wie z. B. auf der Flucht über das Mittelmeer oder während einer Massenkatastrophe, wie z. B. bei der Love-Parade in Duisburg. Es ist niemand da, der die traumatische Bedrohung beendet oder denjenigen aus der existenziellen Bedrohung befreit. Man fühlt sich vom Rest der menschlichen Gemeinschaft isoliert oder herauskatapultiert. Eine Reintegration in soziale Gemeinschaften ist vonnöten.

- *Selbstwirksamkeit.* In der traumatischen Bedrohung gab es keine Selbstwirksamkeit, mehr noch: ein Trauma definiert sich ja dadurch, dass man nicht dagegen ankämpfen konnte und auch nicht davor entweichen konnte, man war schutzlos ausgeliefert. Traumatisierte Menschen sollten dabei unterstützt werden, wieder handlungsfähig zu werden. Das betrifft die Aufgaben des Alltags innerhalb eines regelmäßigen Tagesablaufs, so wie die Sorge um Nahrung, Körperpflege, ökonomische Sicherheit und soziale Kontakte. Selbstwirksamkeit betrifft aber auch ein Erlernen von Selbststeuerung bei affektiver Überflutung. Es ist nicht möglich, nicht „angetriggert" – durch Trauma-Fragmente erinnert – zu werden. Doch es ist möglich, Techniken zu erlernen, mit denen wieder selbstwirksam ein ausgeglichener innerer Zustand hergestellt wird.
- *Erleben eines lebendigen Körpers.* In der traumatischen Bedrohung erstarrt nicht nur die Wahrnehmung des Menschen durch „Abschalten" der höheren Regionen des Gehirns (weite Bereiche des Neocortex), sondern der gesamte Körper gerät in einen Zustand der Erstarrung bis hin zu einem Zustand der Unterwerfung (Totstell-Reflex). Je intensiver oder je häufiger diese Notschaltung des Gehirns und des Körpers angewandt wurde, umso mehr gerät der Körper auch schon bei geringerem Stress in Erstarrung oder Unterwerfung. Um diesen Prozess zu unterbrechen, hat es sich als äußerst hilfreich erwiesen, Traumatisierte so oft wie möglich zu körperlichen Aktivitäten anzuregen: leichte sportliche Aktivitäten, Spaziergänge, Fahrrad fahren, Yoga, Gymnastik, Handball, Fußball usw.

Alle Möglichkeiten der Stabilisierung helfen Traumatisierten mit der Wahrnehmung im „Hier und Jetzt" zu bleiben und damit ein Gegengewicht zum bedrohlichen „Dort und Damals" zu finden. Gegenüber der Schwere des Traumas werden Ressourcen entdeckt und neu entwickelt. Die Frage sollte nicht lauten „Was haben Sie/was hast du Schreckliches erlebt?", sondern: „Wie haben Sie/wie hast du das Schreckliche überstanden?". Aus der Traumageschichte wird eine Überlebensgeschichte.

Auf den Punkt gebracht:

- Stabilisierung hat sowohl in der Traumaberatung, als auch in der Traumatherapie den Vorrang vor Traumabearbeitung (Exposition)
- Die Intensität der Stabilisierung richtet sich nach der Intensität der erlittenen Traumata: Sequenzielle Traumata und Entwicklungstraumata erfordern die intensivste und dauerhafteste Stabilisierung.
- Bereiche der Stabilisierung betreffen äußere Sicherheit, Bezugspersonen und soziale Gemeinschaft, Selbstwirksamkeit und Erleben eines lebendigen Körpers.

7 Praxis der Arbeit mit Kindern, Jugendlichen und Eltern bei Traumasymptomatiken

In den folgenden Abschnitten dieses Kapitels wird aufgezeigt, wie und mit welchen Interventionen gearbeitet werden kann, wenn Familien, Kinder oder Jugendliche mit Traumafolgestörungen Hilfe in der Erziehungsberatung suchen. Die geschilderten Beispiele spiegeln die Berufserfahrungen des Autors wider. Es wird vorrangig um Situationen gehen, in denen außerfamiliäre Traumatisierungen Anlass der Beratungen/Therapien sind. In einem Fall geht es allerdings um aktuelle innerfamiliäre Gewalt, in einem anderen um Interventionen in einer Misshandlungsfamilie nach der Trennung der Eltern. Die realen Namen und Daten wurden zum Schutz der Klientinnen und Klienten in allen Fällen verändert.

Wenige Tage danach: akutes Monotrauma (Überfall)

Ich lerne Janine ungefähr eine Woche, nachdem sie von älteren Jugendlichen überfallen worden ist, kennen, sie ist 16 Jahre alt. Auf dem Weg von einer Party wurde sie gegen 23 Uhr von drei alkoholisierten männlichen Jugendlichen angehalten, durchsucht und begrabscht. Geld und Handy wurden ihr „abgenommen". Als andere Jugendliche dazu kommen und sich für Janine einsetzen, laufen die Täter davon.

In den nächsten Tagen konnte Janine sich in der Schule schlecht konzentrieren, nachts litt sie unter Alpträumen, am Tage schreckte sie häufig auf. Sie verließ ihr Zuhause nicht mehr ohne Begleitung. Über eine Familie aus der Nachbarschaft erfuhr sie von der Möglichkeit einer Hilfe in der Jugend-, Familien- und Erziehungsberatung. Sie wollte alleine kommen. Hier ein Ausschnitt aus dem ersten Gespräch:

Berater: „Guten Tag, Sie sind Janine?“
Janine: „Sie können mich ruhig duzen.“
Berater: „Okay, Janine, dann nimm Platz.“
(Janine setzt sich.)
Berater: „Bevor wir beginnen, Janine, ist der Abstand zwischen uns beiden so in Ordnung, oder brauchst du mehr oder weniger Abstand?“
Janine: „Vielleicht ein bisschen mehr.“ (Rutscht mit dem Stuhl zurück.)
Berater: „Danke, dass du das so klar sagen kannst.“

Janine sollte von Anfang an wissen, dass sie den Verlauf des Gespräches bestimmt. Ihr Wunsch, etwas mehr Abstand zum Berater zu haben, ist völlig in Ordnung, die Täter waren schließlich männlichen Geschlechts. Und wenn sich Traumatisierte abgrenzen, sollten sie dafür immer Anerkennung erhalten!

Berater: „Ich habe am Telefon von dir erfahren, dass du vor einigen Tagen einen schlimmen Überfall erlitten hast. Meine Frage: möchtest du jetzt darüber sprechen oder nicht?“
Janine: „Eigentlich lieber nicht. Aber muss ich denn nicht erzählen, damit Sie mir helfen können?“
Berater: „Nicht unbedingt. Wir könnten auch darüber sprechen, was andere getan haben, um mit einem solchen Erlebnis einigermaßen zurechtzukommen.“
Janine: „Ja, das würde mich interessieren.“

Manche Menschen möchten berichten, manche nicht. So oder so ist es sinnvoll, möglichst intensiv über persönliche und interpersonelle Ressourcen zu sprechen.

Dies entspricht nicht nur den Leitlinien zur Psychosozialen Notfallversorgung (Bundesamt für Bevölkerungsschutz und Katastrophenhilfe 2012) und des European Network for Traumatic Stress (Bisson et al. 2009), sondern ist auch unter neurobiologischen Aspekten beachtenswert. Die in Angst und Panik aktivierten Bereiche des limbischen Systems sollen in der Beratung beruhigt werden und die Bereiche des Neocortex, die für die Kontrolle der Affekte zuständig sind, sollen die Regie übernehmen.

Berater: „Zunächst möchte ich wissen, was du selbst herausgefunden hast, was dir geholfen hat, wenn du nicht an den Überfall denken wolltest."
Janine: „Ich weiß nicht."
Berater: „Was hast du denn in den letzten Tagen gemacht, wenn es dir schlecht ging?"
Janine: „Ich habe mich irgendwie abgelenkt, laut Musik gehört, oder so. Und Fernsehen geguckt."
Berater: Klasse. „So hast du also gut für dich gesorgt. Dann hast du es geschafft, an etwas Anderes zu denken?"
Janine: „Ja. Und dann habe ich massenhaft Kuchen in mich reingeschlungen.
Berater: Auch eine Möglichkeit, für sich zu sorgen. Was meinst du, wie lange brauchst du noch den Kuchen dazu?"
Janine: „Vielleicht noch eine Woche. Ich weiß, so gesund ist das nicht. Hat meine Mutter auch gesagt."
Berater: „Ich glaube, im Moment weißt du allein, was für dich gut ist. Und manchmal tut man dann Dinge, die man später auch wieder lässt. Ich bin sicher, dafür hat deine Mutter Verständnis. Wie versteht ihr euch denn so?"

Nachdem der Berater zunächst die Ressourcen verstärkt hat, die Janine nutzt, intervenierte er nach der Äußerung „massenhaft Kuchen" in einer Form, die eine Beendigung dieser übermäßigen Nahrungsaufnahme impliziert, die Beendigung aber der Entscheidung Janines überlässt. Da Janine ihre Mutter ins Gespräch gebracht hat, bot es sich an, über interpersonelle Ressourcen zu sprechen.

Janine: „Och na ja, mal so, mal so. Eigentlich ist sie ganz okay, aber manchmal nervt sie auch sehr."

Berater: „Für den Fall, dass du mit jemandem über den Überfall sprechen möchtest, käme dann deine Mutter in Frage oder jemand anderes?"
Janine: „Nee, die nicht. Eher meine Freundin Jenny. Mit der kann ich über alles reden. Die ist echt gut drauf. Die hat auch immer gute Ideen, was man machen kann."
Berater: „Das finde ich sehr beachtenswert, wie gut du für dich sorgst, indem du ganz klar entscheidest, mit wem du über was sprichst."
Janine: „So habe ich das noch gar nicht gesehen. Aber Sie wollten mir doch noch sagen, was andere Leute gemacht haben."
Berater: „Danke, dass du mich erinnerst. Nun, eins hast du ja schon selbst herausgefunden. Ablenken und etwas Anderes tun, als an das Schlimme zu denken. Das haben die Wissenschaftler herausgefunden, dass das den meisten Menschen hilft. Als zweites hat sich herausgestellt, dass es gut ist, jemanden zu haben, mit dem man sprechen kann, wenn man das will. Da hast du ja deine Freundin Jenny. Als drittes wäre es hilfreich, etwas mit körperlicher Bewegung zu machen, Spazierengehen, Rad fahren, Schwimmen, Joggen, so etwas. Damit der Körper aus einem Gefühl der Angst und Erstarrung herauskommt."
Janine: „Das mit der Erstarrung kenne ich. Aber im Moment traue ich mich überhaupt nicht alleine raus. Da bin ich wohl ein hoffnungsloser Fall."
Berater: „Das glaube ich nicht. Es gibt eine gute Chance, dass du dich in den nächsten vier bis sechs Wochen besser fühlen wirst. Was meinst du, wie lange könnte es dauern, bis du wieder allein nach draußen gehen wirst? Zwei Jahre, ein Jahr, sechs Monate, drei Monate oder ein paar Wochen."
Janine: „Bestimmt weniger als sechs Monate. Ich will ja nicht mein Leben verpennen!"

Der Berater verstärkte weiterhin die Ressourcen der Klientin und flocht einen kleinen Teil Psychoedukation ein („Bewegung"). Dieses Thema war offensichtlich zurzeit besser im Konjunktiv zu erörtern („wie lange könnte es dauern"), wobei die Klientin wieder in ein positiveres Selbstbild geriet. Die Information, dass eine hohe Möglichkeit einer raschen Genesung besteht, entspricht den Erfahrungen bei Monotraumata mit Erwachsenen und Jugendlichen: Eine Mehrzahl erlebt innerhalb der ersten vier bis sechs Wochen eine Genesung von Symptomen, auch ohne Therapie oder Beratung, sofern nicht zusätzliche Belastungen vorliegen (u.a. Pielmaier u. Maercker 2011). In den ersten zwei Monaten spricht man ohnehin nicht von einer PTBS, sondern von einer akuten Belastungsreaktion.

Janine: „Wissen Sie, ich mache mir auch Vorwürfe. Ich bin ja selber schuld, weil ich so spät von der Party nach Hause gegangen bin. Wäre ich früher gegangen, wäre das alles nicht passiert."
Berater: „Ja, so ist unser Verstand eingerichtet: Wenn etwas Schreckliches passiert, machen wir uns Gedanken, wie wir es hätten verhindern können und geben uns im Zweifel selbst die Schuld daran. Janine, gibt es denn auch eine gnädige Stimme in dir?"
Janine: „Nee, gibt es nicht."
Berater: „Und wenn es sie gäbe, was würde die dann sagen?"
Janine: „Die würde sagen, du hast einfach nur Pech gehabt, du warst zur falschen Zeit am falschen Ort."
Berater: „Da hast du jetzt etwas ganz Kluges gesagt, glaube ich. Verantwortung für das, was geschehen ist, haben ja immer die Täter."

Die Frage nach der Schuld könnte natürlich schnell und unterstützend vom Berater geklärt werden. Es ist jedoch günstiger, die Klientin erlebt einen inneren Dialog zwischen Schuld und Unschuld, da das Ziel Selbstwirksamkeit war.

Janine: „Eigentlich geht es mir jetzt schon ganz gut. Ich dachte, ich müsste Ihnen alles erzählen, was passiert ist und dann würden Sie sagen, was ich tun soll. Jetzt habe ich kaum was erzählt und ich habe gemerkt, dass ich ja schon so viel richtig mache. Können Sie mir trotzdem noch was sagen, was ich zusätzlich tun kann?"
Berater: „Ja, kann ich. Es ist eine Übung, die ich hier mit dir ausprobieren kann. Aber ich muss gestehen, das wird sich ein wenig merkwürdig anhören. Möchtest Du sie hier ausprobieren?"

Janine: „Klingt spannend. Ja".

Berater: „Dazu ist erforderlich, dass du kurz an etwas denkst, was dich im Alltag manchmal ärgert oder traurig macht. Was könnte das sein?"

Janine: „Wenn meine Mutter so rumnervt."

Berater: „Okay. Was spürst du in deinem Körper, wenn du daran denkst, dass deine Mutter rumnervt?"

Janine: „Irgendwie so ein Druck im Bauch."

Berater: „Okay. Jetzt zähle bitte laut die Zahlen von zehn nach null rückwärts und nimm zwischen jeder Zahl einen tiefen Atemzug."

Janine: „Zehn" (atmet ein und aus).

Berater: „Sehr gut."

Janine: „Neun " (atmet ein und aus).

Berater: „Ja."

Janine: „Acht" (atmet ein und aus), „sieben" (atmet ein und aus), „sechs"(atmet ein und aus).

Berater: „Das machst du gut."

Janine: „Fünf" (atmet ein und aus), „vier" (atmet ein und aus), „drei" (atmet ein und aus), „zwei" (atmet ein und aus), „eins" (atmet ein und aus), „null."

Berater: „Wenn du jetzt Deinen Körper spürst, was hat sich verändert, was ist geblieben?"

Janine: „Ich fühle mich entspannt, das merkwürdige Gefühl im Bauch ist weg."

Berater: „Was hast du in den letzten Minuten über dich gelernt?"

Janine: „Dass ich mit atmen und zählen ablenken kann?"

Berater: „Hhmm. Möchtest du wissen, wieso diese Übung bei vielen Menschen funktioniert?"

Janine: „Ja."

Berater: „Du hast vielleicht schon davon gehört, dass wir zwei Gehirn-Hälften haben, wenn wir in Stress geraten, ist oft die rechte Hälfte viel aktiver als die linke. Wenn wir dann zählen, wird die linke Hälfte aktiv und bildet einen Ausgleich zur hochaktiven rechten Hirnhälfte. Meist fühlen wir uns wohl, wenn beide Hälften was zu tun haben. Zusätzlich können wir durch atmen Ruhe in den Körper bringen. Vielleicht kennst du das. Du bist aufgeregt und willst was erzählen und jemand anderes sagt: ‚Nun atme erstmal durch.'"

Janine: „Ah ja, jetzt verstehe ich das."

Berater: „Du kannst diese Übung überall machen, wenn du möchtest, dass es dir besser geht. Früher hätte ich geraten, dass du lieber leise vor dich hinzählst, im Bus, auf der Straße oder sonstwo. Aber heute, wo so viele Leute mit den Handys per Knopf im Ohr laut telefonieren, fällt das Zählen sicher überhaupt nicht auf. Sodass du entscheiden kannst, wann laut oder wann still vor dich hin."

Janine lacht.

Berater: „Ist das für dich okay, wenn wir uns nächste Woche zur selben Zeit wiedersehen? Dann bin ich sehr gespannt, ob du diese Übung angewandt hast."

Janine: „Gut, abgemacht."

Berater: „Dann auf Wiedersehen bis zum nächsten Mal."

Ich denke, die Übung ist selbsterklärend. Von Bedeutung ist, vor dem Zählen leichten Stress zu provozieren, der nicht mit dem traumatischen Stress zu tun hat. Dann kann sich der Erfolg der Übung zunächst zeigen und neuronal verankert werden, bevor sie später auch bei Erinnerungen an das Trauma angewandt werden kann.

Merke:
In der akuten Traumanachsorge, auch wenn sich Symptome einer akuten Belastungsreaktion zeigen, kein aktiver Fokus auf traumaassoziierte Gedanken und Gefühle in den ersten Stunden und Tagen nach dem Ereignis! In Beratungen den Fokus auf die persönlichen und interpersonellen Ressourcen ausrichten.

Auch wenn Betroffene später berichten möchten (ca. vier Wochen nach dem Ereignis), ist es ratsam, peritraumatische Ressourcen aufzuspüren.

Zum Beispiel:

„Ich habe mir das alles so gefallen lassen und habe mich überhaupt nicht gewehrt. Schön blöd, oder?“ Antwort: „Vielleicht hast du intuitiv gespürt, dass jede Gegenwehr die Täter nur noch brutaler werden lassen könnte.“

„Ich habe mich bei denen, die mir geholfen haben, nicht mal richtig bedankt.“

Antwort: „Möglichweise war es nach dem Schock des Überfalls erstmal wichtiger für dich, dich in Sicherheit zu bringen.“

„Zuhause habe ich geheult wie ein Schlosshund, wie so ein kleines Kind.“ Antwort: „Da war dann wohl Platz für die Gefühle, für die während des Überfalls kein Platz war.“

Noch einmal: **Aus der Traumageschichte soll eine Überlebensgeschichte werden.**

Nach vier Monaten: Monotrauma in der Familie

Frau Russow meldete sich telefonisch bei mir. Ich hätte doch sicher in der Zeitung gelesen, dass eine junge Frau überfallen worden ist und blutend vor ihrem Hauseingang gelegen hätte. Dieses Ereignis sei zwar einige Monate her, aber damals sei intensiv darüber berichtet worden. Die Anruferin erzählte, dass sie und ihre beiden Kinder diese Frau damals gefunden und den Rettungsdienst alarmiert hätten. Die junge Frau sei zwar gerettet worden, doch die Familie sei von da an sehr ängstlich und schreckhaft. Sie hätten sich deshalb einen Hund angeschafft, aber das hätte nichts verändert. Beide Kinder würden schlecht träumen, die Familie würde nur noch gemeinsam etwas unternehmen aus Angst, es könne erneut etwas Schlimmes passieren. Ich lud die Familie ein.

Beim ersten Gespräch erfuhr ich von Frau Russow und den beiden Kindern Igor (12) und Swetlana (8), dass alle drei oft an diesen Abend denken. Nur Herr Russow, der nicht zu Gesprächen in die Beratungsstelle kommen möchte, hätte keine Symptome. Frau Russow meinte dazu, dass er ja auch nichts erlebt habe. Ich fragte nach einigen Dingen, um die Familie besser kennenzulernen. Was es bedeute, Teil dieser Familie zu sein? Was geschieht in dieser Familie Besonderes? Was machen Mutter und die beiden Kinder besonders gerne? Kurz: Ich fragte nach den Ressourcen dieser Familie. Es eröffnet eine gute Gesprächsatmosphäre, wenn man eine Familie, die ein Trauma erlebt hat, nicht auf das Traumaerleben reduziert. Fragen wie: Was geschieht in dieser Familie, was Freude, Zufriedenheit, Stolz oder Glück verursacht? werden von den Familienmitgliedern als angenehm erlebt. Ich frage auch regelmäßig, ob ein schreckliches Ereignis auch positive Folgen hat. Manchmal merken die Familienmitglieder, wie sehr sie einander wichtig sind, manchmal achten sie mehr aufeinander, manchmal genießen sie das Miteinander in der Familie deutlich mehr. Hier zeigen sich Aspekte von posttraumatischem Wachstum.

Ebenso wichtig wie die Erkundung der familiären Ressourcen zeigt sich in den ersten Beratungsstunden die so genannte Psychoedukation. Menschen möchten wissen, ob es normal ist, auch Monate nach einem Trauma noch Albträume zu haben, was es bedeutet, Szenen des Ereignisses immer wieder als Film vor sich zu sehen oder ob es vielen Menschen so geht, dass ihr Körper immer wieder Gänsehaut und Herzklopfen produziert, wenn über das Ereignis gesprochen wird. Manche wollen wissen, ob sie lieber immer wieder drüber sprechen sollen oder doch lieber gar nicht drüber reden, das Erlebte verdrängen. Dann hilft es ihnen, wenn sie erfahren, dass Träume und Flashbacks ein normales Signal dafür sind, dass das Erlebnis noch nicht vollständig verarbeitet ist und dass es dem Körper vorkommt, als passiere es immer wieder erneut. Man sollte dann nicht völlig vermeiden, darüber zu sprechen, aber auch etwas tun, um sich abzulenken, damit die Trauma-assoziierten Gedanken und Gespräche den Alltag nicht völlig bestimmen.

Das erstarrte Mobile

Ich habe viele Familien nach einem Trauma erlebt: Ein Kind wird von einem Kampfhund gebissen, ein Kind hat einen Fahrradunfall und wird von einem Lastwagen überrollt, ein Kind wird überfallen und es werden ihm Geld und Sportschuhe gestohlen, eine Jugendliche wird bei einem Stadtteilfest sexuell belästigt, ein Kindergartenkind wird schwer krank. In all diesen Situationen kann ich keine Unterscheidung zwischen einem primär traumatisierten Familienmitglied und seinen Angehörigen treffen. Mir begegnen traumatisierte *Familien*; Eltern und Kinder befinden sich in einem Zustand von seelischem Schock. Und ich habe Interaktionsmuster erkannt, die manchmal auch noch viele Monate nach einem Trauma in den Familien wirken. Das von Virginia Satir beschriebene familiäre Mobile (1990) hat seine Flexibilität eingebüßt, es ist eingefroren, die Familie ist im Schreck erstarrt.

1. *„Stehen bleiben“: I*n diesen Familien herrschen noch viele Jahre später Interaktionen vor, die Außenstehenden so vorkommen, als wäre das Trauma vor wenigen Tagen passiert. Vieles dreht sich um Ängste vor einer Wiederholung, man unternimmt ausschließlich etwas zusammen, eine dauernde Sorge um das Wohl des Anderen erstickt auch noch sehr viel später Individualität und Lebendigkeit. In einer Familie hingen die Babyschuhe des verstorbenen 6 Monate alten Kindes noch acht Jahre nach seinem Tod an der Wohnungseingangstür.
2. *„Nicht drüber sprechen“:* Aus einer Befürchtung, dass die Auseinandersetzung mit dem traumatischen Erleben zu einem nicht enden wollenden Gefühlschaos führt, wird gemeinschaftlich vermieden, darüber zu sprechen. Manchmal werden neue Familienregeln installiert. „Jeder muss alleine damit

fertig werden." „Darüber sprechen bringt doch nichts" oder ähnlich. Unausgesprochen beschäftigen sich die Familienmitglieder doch mit dem Ereignis. Durch die Vermeidung von Gefühlsausdrücken führen Begegnungen zu einer Form von Pseudo-Nähe.

3. *„Schnell etwas Anderes tun"*: In diesen Familien scheint eine äußerst lebendige Atmosphäre zu herrschen. Anders als bei Muster zwei wird jedoch indirekt vermieden über das Trauma zu sprechen. Es werden immer wieder andere Themen angeschnitten, kaum eine Kommunikation findet jedoch einen nachvollziehbaren Abschluss. Man könnte dieses Muster, welches dann am heftigsten zur Anwendung kommt, wenn eine emotionale Nähe zum Trauma droht, auch als eine interaktionelle dissoziative Notbremse bezeichnen. Es finden sich Ähnlichkeiten zur irrelevanten Kommunikation nach Virginia Satir (1990).

Alle drei Muster haben in den ersten Wochen nach einem außerfamiliären Trauma eindeutig einen Wert als Bewältigungsmuster. Was in den ersten Wochen vielleicht zum Überleben beiträgt, trägt längerfristig zum Erstarren der familiären Interaktion bei. Ein traumasensibler Auftauprozess kann dazu verhelfen, die eingefrorenen Interaktionen wieder zu beleben und Symptome bei Einzelnen abzumildern.

Gemeinsame Arbeit mit Zeichnungen

Bei Frau Russow und ihren Kindern herrschte eindeutig das erste Muster vor – auch noch nach sieben Monaten. Nach einer Phase der Stabilisierung begann ich damit, mit allen dreien eine Form der Traumaexposition anzuwenden, die ich für die gemeinsame Arbeit mit Eltern und Kindern entwickelt habe. Alle drei wurden gebeten, eine Zeichnung anzufertigen mit dem Fokus „Als noch alles in Ordnung war.". Die Mutter zeichnete eine Situation, in der sie mit dem Sohn am Küchentisch etwas isst. Igor zeichnete sich selbst beim Basketballspiel (er spielt in einer Mannschaft eines Sportvereins). Swetlana zeichnete sich selbst in einem Schwimmbad.

Nun wurden die Zeichnungen auf den Fußboden gelegt und zwar so, dass die Familienmitglieder die Details der Zeichnungen erkennen konnten. Nacheinander wurden Mutter und Kinder gebeten, ihre Zeichnungen zu erklären und es konnten auch jeweils Fragen dazu gesellt werden. Dann richtete ich eine Reihe von Fragen an die einzelnen Familienmitglieder:

Berater: „Frau Russow, wenn Sie auf alle drei Zeichnungen schauen, welches Gefühl entwickeln sie dann?"
Mutter: „Das sind ja eigentlich schöne Zeichnungen. Ich spüre ein gutes Gefühl."
Berater: „Ja, und in welche Richtung geht dieses gute Gefühl, das sie im Moment spüren, eher Freude, Zufriedenheit, Glück oder Stolz?"
Mutter: „Ach, das ist so ein Gefühl von Zufriedenheit."
Berater: „Und wo spüren Sie dieses gute Gefühl von Zufriedenheit in ihrem Körper?"
Mutter: „Eigentlich überall, oder halt nein, mehr so im Oberkörper, ich kann gut durchatmen."
Berater: „Und wenn Sie jetzt einen Satz finden müssten, der zu allen drei Zeichnungen passt, wie würde dieser Satz dann heißen?
Mutter: „Zu allen drei Bildern?"
Berater: „Ja."
Mutter: „Hmm, vielleicht ‚Wir sind eine nette Familie.'"
Berater: „Ja, das hört sich gut an. Kinder, wie findet ihr diesen Satz?"
Igor: „Finde ich gut, passt."
Swetlana: „Ja, der Satz ist gut."
Berater: „Da haben Sie ja von beiden Kindern ein Kompliment bekommen."
Mutter (lächelt): „Ja, das stimmt."
Berater: „Wer möchte jetzt weitermachen? Du, Igor? Du hast ja vorhin auch als zweiter dein Bild erklärt."
Igor: „In Ordnung."

Berater: „Igor, wenn du auf alle drei Zeichnungen siehst, welches Gefühl entwickelst du dann?"

Igor: „So ein gutes Gefühl im Bauch."

Berater: „Ja, jetzt hast du uns schon verraten, wo du etwas spürst. Wie heißt denn dein gutes Gefühl, eher Freude, Zufriedenheit, Glück ..."

Igor: „Freude."

Berater: „Und die Freude spürst du im Bauch, welcher Satz passt denn für dich zu den drei Zeichnungen?"

Igor: „Bei uns hat jeder Spaß."

Berater: „Frau Russow, Swetlana, wie gefällt Ihnen, wie gefällt dir dieser Satz."

Mutter: „Auch gut."

Swetlana: „Ja, auch gut."

Berater: „Na, Igor, da hast du ja auch ein Kompliment von den beiden bekommen. Jetzt bist du ja als letzte dran Swetlana. Wenn du auch diese drei Zeichnungen schaust, welches Gefühl entwickelst du dann?"

Swetlana: „Auch Freude."

Berater: „Und wo spürst du deine Freude"?

Swetlana: „Im Gesicht, ich muss so lächeln."

Berater: „Ah ja, und welcher Satz passt für dich zu den drei Zeichnungen?"

Swetlana: „Wir freuen uns."

Berater: „Klingt gut. Wie finden die anderen beiden Swetlanas Satz?"

Mutter: „Gefällt mir auch sehr."

Igor: „Ja."

Berater: „Swetlana, ich denke, das war auch ein Kompliment für dich."

Dieses Vorgehen sorgt dafür, dass alle Familienmitglieder konzentriert über ein und dasselbe Thema sprechen, nämlich über die Zeichnungen auf dem Fußboden. Zum Zweiten begegnen sich alle Familienmitglieder auf derselben Ebene. Die durch das unterschiedliche Lebensalter unterschiedlich vorhandenen Kompetenzen spielen hier kaum eine Rolle. Jeder kann zeichnen, seine Zeichnung erklären, ein Gefühl beim Betrachten der Zeichnungen entwickeln und das Gefühl im Körper spüren. Auch eine kognitive

Zusammenfassung durch einen passenden Satz gelingt den allermeisten Menschen.

Die Reihenfolge der Fragen ist dem so genannten BASK-Modell (Braun 1988) entlehnt, welches in unterschiedlichen Zusammenhängen bei der Integration von traumatischen Erlebnissen zur Anwendung kommt. Die vier Buchstaben stehen für Behavior (Verhalten, hier: welches Verhalten wird auf den Zeichnungen dargestellt?), Affect (Affekt oder auch Emotion, hier: welche Gefühle entstehen?), Sensation (Körperempfindung, hier: wo im Körper ist das Gefühl zu spüren?) und Knowledge (Wissen oder auch Kognition, hier: welcher Satz passt zu den Zeichnungen?). Dieses Modell geht davon aus, dass über die unterschiedlichen Wahrnehmungen, die in unterschiedlichen Arealen des Gehirns verarbeitet werden, eine multimodale Verankerung des Geschehenen möglich wird, wodurch eine Neuverarbeitung möglich wird. Mit den Fragen nach Inhalt der Zeichnungen und nach dem passenden Satz wird der Neocortex angesprochen, mit der Frage nach der Emotion Neocortex und limbisches System und mit der Frage nach Körperempfindungen limbisches System und Stammhirn. So kann das traumatische Erlebnis mit einem Beginn, einem Ende und dramatischen Höhepunkten vergangenheitsfähig werden

Auch wenn in der oben beschriebenen Arbeit über die Zeichnungen über positiv erlebte Zeiten gesprochen wird, sind es doch die Vorstufen einer Integration des Traumas. Beim nächsten Treffen wird allerdings erneut über positive Zeiten gesprochen. Wieder zeichnen die Familienmitglieder, jetzt zu positiven oder neutralen Erlebnissen danach. Es scheint, als können Menschen dann eine Geschichte gut in das Gedächtnis für vergangene Ereignisse einsortieren, wenn das Erlebnis mit einem Anfang, mit einem Verlauf, mit einem Ende und mit einer Bedeutung ausgestattet ist – sodass einzelne Fragmente daraus als sinnvoll erscheinen – und so als ganzheitliches Erlebnis abgespeichert werden kann. Mit „vorher“ und dann mit „danach“ zu beginnen, macht zudem mit der Methode vertraut und erleichtert später den Umgang mit dem „schwierigsten Moment“.

Zum „Danach“ zeichnete sich Frau Russow beim Fernsehen am selben Abend. Sie beschrieb sich als erleichtert, da die junge Frau ja gerettet werden konnte. Swetlana zeichnete sich in einem Auto. Sie wurde von der Mutter am nächsten Tag ausnahmsweise zu Schule gefahren. Da ging es ihr richtig gut. Igor zeichnete sich beim Basketballtraining.

In der folgenden Stunde wurden die drei Familienmitglieder gebeten, den schlimmsten Moment zu zeichnen. Frau Russow zeichnete die blutende junge Frau auf dem Bürgersteig vor dem Mehrfamilienhaus, am Straßenrand das eigene Auto und eine Straßenlaterne. Neben der jungen Frau waren auf dem Bürgersteig zwei große Blutflecken zu erkennen. Auf Igors Zeichnung war ebenfalls die blutende junge Frau zu erkennen, das Auto der Familie und die Straßenlaterne. Erstaunlich war für mich, dass Igor ebenfalls zwei große Blutflecken zeichnete. Das Erlebnis, dass nur wenige Minuten gedauert haben kann, war inzwischen ja länger als ein halbes Jahr her. Bedeutende Fragmente werden eben dauerhaft gespeichert! Auf Igors Zeichnung war auch noch die Mutter zu erkennen, die mit dem Handy Hilfe herbei holte. Jeder zeichnete das Bild, das in Erinnerung geblieben ist. Swetlana zeichnete sich selbst in einem Etagenbett, neben ihr liegt Igor, wie sie berichtete. War das für sie der schlimmste Moment? Nicht ganz. Das Mädchen erzählte, dass sie abends nicht einschlafen konnte, weil sie immer daran denken musste, was an diesem Abend geschehen war. Sie bat darum, neben Igor schlafen zu dürfen. Als er das gestattete, ging es ihr besser. Kann es sein, dass sie, während Mutter und Igor die Situation bewältigt haben, im Auto saß und dabei in einen dissoziativen Zustand „abgetaucht“ ist? Und dass es ihr erst später klar wurde, was sie da gesehen hatte?

Die Arbeit mit den Zeichnungen des bedrohlichsten Moments wurde von mir ebenso gestaltet, wie zuvor die Arbeit mit dem Vorher und dem Danach. Das BASK-Modell kam wieder zur Anwendung, wobei die angetriggerten Emotionen erwartungsgemäß in eine andere Richtung gingen. Bei der Mutter entstand Wut gegenüber dem Täter, bei Igor entstand Traurigkeit und bei Swetlana

Angst. In der Arbeit rund um den bedrohlichsten Moment werden häufig Gefühle gespürt, für die in der ursprünglichen Situation kein Raum ist. Jetzt im Nachherein ist Platz dafür. Zusätzlich kann jetzt auch die soziale Unterstützung zum Ausdruck gebracht werden, die damals nicht ausreichend gezeigt werden konnte. Und drittens können die Emotionen durch die Zeichentechnik externalisiert werden. Sie können Teil der Vergangenheit werden.

Nachdem die drei Zeichnungen des bedrohlichsten Moments auf dem Fußboden lagen und Swetlana gebeten wurde zu sagen, was sie bei ihr auslösten, sprach sie über Angst und Traurigkeit. Als ihr die Tränen kamen, bekam sie Gelegenheit zu äußern, was sie sich von ihrer Mutter und ihrem Bruder jetzt wünschte. Sie wollte in den Arm genommen und getröstet werden. Sie bekam einen Platz in der Mitte zwischen den beiden und wurde liebevoll umarmt. Nach längerer Zeit konnte sie auch einen Satz sagen, der für sie zu allen drei Zeichnungen passte: „Das ist schon lange vorbei."

Manchmal höre ich von der Vermutung, dass eine solche Arbeit doch re-traumatisierend wirken würde. Ich denke, dass eine Traumaintegration ohne eine Form der Arbeit mit Erinnerungen und Fragmenten nicht möglich ist. Da diese Arbeit mit den Erinnerungen jedoch in einem sicheren Rahmen und sozialer Unterstützung passiert, wobei alle Beteiligten handlungsfähig sind und nicht existenziell bedroht werden, halte ich diese Form der Traumaexposition und -integration nicht für retraumatisierend. Es ist allerdings erforderlich, dass die Familienmitglieder sich nicht verabschieden, während die Zeichnungen von bedrohlichen Momenten noch auf dem Fußboden liegen. Was kann man tun? Man kann die Zeichnungen zerreißen, verbrennen, zerknüllen oder auf andere Weise „verschwinden" lassen. Familie Russow kam auf die Idee, die Zeichnungen in meinem Schreibtisch verschwinden zu lassen, aufbewahrt in einem großen Briefumschlag. Ich habe den Umschlag zur Verfügung gestellt, die Familie hat die Zeichnungen sorgfältig dort hineingelegt und den Umschlag zugeklebt.

Als die Familie zum nächsten Gespräch zu mir kam, ging es allen gut. Sie meinten, die Arbeit mit den Zeichnungen hätte sie von den schlimmen Erinnerungen befreit. Als sie berichteten, dass sie Möglichkeiten gefunden hätten, sich selbst in bessere Stimmungen zu bringen, wenn es mal ein wenig schlecht ginge, bat ich sie schnell wieder zu zeichnen. Frau Russow zeichnete sich beim Putzen mit einem Besen in der Hand und Kopfhörern mit Musik im Ohr. Swetlana zeichnete sich bei Schachspiel mit ihrem Vater, der nie zu den Gesprächen kommen wollte, doch offensichtlich eine wichtige Ressource für die Tochter war. Und Igor zeichnete sich wesentlich farbiger und differenzierter als zuvor – beim Basketball.

Merke:

Die traumasensible Arbeit mit Familien erfordert keine Interpretationen des traumatischen Geschehens durch Beratende, wenn es sich um ein Mono-Trauma handelt. Die Arbeit mit den Zeichnungen in der Reihenfolge zu den Themen „vorher", „danach" und „bedrohlichster Moment", sowie die Anwendung des BASK-Modells impliziert, dass die Fähigkeit zur Verarbeitung und Bewältigung des Traumas im Klienten-System vorhanden sind. Die beschriebene Methode eignet sich für Familien mit Schulkindern. Bei Ereignissen mit expliziter sexueller Gewalt sollte sorgfältig mit den Betroffenen geklärt werden, ob eine gemeinsame Arbeit mit der Familie wünschenswert ist.

„Ich will mein Kind nicht mehr schlagen." Auswirkungen von Kindheitstraumata bei einer Mutter und die Erarbeitung neuer Verhaltensmuster

In der Erziehungsberatung lernen wir auch Eltern kennen, die ihre Verpflichtung gegenüber ihren Kindern nicht gut oder sogar mangelhaft erfüllen. Stichworte wie „Vernachlässigung", „Misshandlung" oder „emotionale Gewalt" zwingen Beratende dann dazu, in Zusammenarbeit mit „insoweit erfahrenen Fachkräften" abzuklären, inwiefern ein Schutzauftrag nach § 8a SGB VIII nur durch Herausnahme des Kindes erfüllt werden kann, oder ob andere Maßnahmen dazu führen können, dass sich die Situation ohne Inobhutnahme des Kindes verändern lässt. Ich möchte an dieser Stelle nicht auf alle möglichen Konstellationen und Facetten eingehen, das habe ich an anderer Stelle getan (Korittko u. Pleyer 2010, Korittko 2016). Ich möchte in diesem Kapitel über Beratungen mit Erwachsenen berichten, die im Zusammenhang mit eigenen sequenziell erlittenen Traumatisierungen in der Kindheit oder im Erwachsenenalter eine komplexe posttraumatische Belastungsstörung entwickelt haben und bereit waren, sich damit auseinanderzusetzen, um mit ihren Kindern und ihren Lebenspartnern weiterhin zusammen zu leben. Hier kann in den meisten Fällen Paar- oder Familienarbeit nur eine Ergänzung der notwendigen therapeutischen Einzelarbeit darstellen, die in der Regel nicht in Erziehungsberatungsstellen geleistet wird.

Strukturelle Dissoziation

Muss ein Mensch über einen langen Zeitraum immer wieder Traumata erleiden, kann dies zu einer Zersplitterung der Persönlichkeit führen. Die Niederländer Onno van der Hart und Ellert Nijenhuis (2008) sprechen von unterschiedlichen Stufen der Dissoziation.

- In der primären Dissoziation wird ein Mensch hin und wieder durch ein Traumafragment angetriggert und der emotionale Persönlichkeitsanteil übernimmt für kurze Zeit die Regie. Beispiel: Jemand zieht sich in Situationen, in denen er sich angegriffen fühlt, plötzlich zurück und verhält sich wie ein ängstliches kleines Kind. In der Anamnese stellt sich heraus, dass er von seiner Mutter immer wieder extrem beschimpft wurde, wenn er lieber mit Freunden spielen wollte, anstatt ihr zu helfen. Dann hat er sich in sein Zimmer zurückgezogen und mehr und mehr den Kontakt mit Gleichaltrigen verloren.
- In der sekundären Dissoziation nehmen unterschiedliche Persönlichkeitsanteile die Regie. Es gibt keine Amnesie dafür, aber

sie sind äußerst schlecht steuerbar. Beispiel: Eine Mutter verwirrt ihre Familie dadurch, dass sie sich manchmal plötzlich aus nichtigen Anlässen aggressiv verhält, zu anderen Zeiten für mehrere Stunden verschwindet oder manchmal lange vor sich hin starrt und die Bedürfnisse ihres Kindes nicht wahrnimmt. In der Anamnese erfährt die Beraterin, dass die Mutter schon früh von der eigenen Mutter abgegeben worden ist, in unterschiedlichen Pflegefamilien gelebt hat, in denen sie Misshandlungen erlitt, und zuletzt in Jugendhilfe-Einrichtungen lebte. Sie hat also in unterschiedlichen Kontexten Persönlichkeitsanteile entwickelt, die ihr geholfen haben, zu überleben. Heute geraten diese Ich-Anteile oft durcheinander (Ego-State-Disorder).

- Bei einer tertiären Dissoziation erkennen van der Hart und Nijenhuis eine Aufspaltung der Persönlichkeit in mehrere parallel zu einander existierende Persönlichkeiten, die sich oft nicht gegenseitig kennen und für deren Existenz der Körper nur eine Gastgeber-Funktion hat (engl. „Host"). Diese Persönlichkeitsorganisation ist relativ selten anzutreffen. Sie wird dissoziative Identitätsstörung genannt (DIS) und als Teambildung auf dem Weg durch die Hölle verstanden, einer Hölle, die oft schon im ersten Lebensjahr begann (okkulte Kreise, satanistische Zirkel, menschenverachtende Geheimbünde, Nick et al. 2018). Wer von sich sagt, dass er oder sie aus verschiedenen Persönlichkeitsanteilen besteht, die auch mit Eigenschaften benannt werden, ist eher als jemand mit einer Ego-State-Disorder einzuordnen (Watkins u. Watkins 2003, Phillips u. Frederick 2015, Peichl 2018).

Exkurs: Ego-State-Theorie

Die grundsätzliche Idee, dass der Mensch aus unterschiedlichen Anteilen besteht, die je nach Persönlichkeitsorganisation integriert oder voneinander dissoziiert existieren, wurde schon 1907 von Pierre Janet formuliert, welcher zusammen mit Sigmund Freud in Paris die Entstehung von Hysterie erforschte (Janet 1889). In neuerer Zeit gelten John und Helen Watkins als die Begründer der Ego-State-Theorie und -Therapie (2003). Sie sprechen von organisierten Verhaltens- und Erfahrungssystemen, die sie Ich-Zustände nennen und die durch mehr oder weniger durchlässige Grenzen voneinander getrennt sind. In diesem Kontinuum stellt die gut integrierte Persönlichkeit mit sehr durchlässigen Grenzen und guter Steuerung den anzustrebenden Normalzustand dar, während die Dissoziative Identitätsstörung (DIS) mit extrem rigiden Grenzen, mit auftretenden Amnesien und keiner Steuerung der einzelnen Zustände einen äußerst pathologischen Zustand kennzeichnet. Hier ist eine Übereinstimmung mit dem Konzept der tertiären Dissoziation zu erkennen. Bei der Ego-State-Disorder, die einer komplexen Traumafolgestörung entspricht, auch Borderline genannt, sind die Grenzen nicht so extrem ausgeprägt. Es gibt z. B. keine Amnesie für die Aktionen der einzelnen Ego-States, die nichtsdestotrotz kaum durch das zentrale ICH gesteuert werden können.

Watkins und Watkins (2003) unterteilen Ego-States in drei Kategorien. Sie erkennen Anteile, die den normalen Bedürfnissen jedes Menschen entsprechen: Bedürfnis nach Orientierung und Kontrolle, Bedürfnis nach Lustgewinn und Unlustvermeidung, Bedürfnis nach Bindung, Bedürfnis nach Selbstwerterhöhung. Wird in der Kindheit diesen Bedürfnissen nicht feinfühlig entsprochen, können sich Ego-States entwickeln, die eine zwanghafte Kontrolle zum Ziel haben, die Gefühle vermeiden, die Kontakt vermeiden oder die Aufmerksamkeit um jeden Preis einfordern.

Zum Zweiten werden von ihnen Ego-States genannt, die Introjekte bedeutsamer anderer Menschen entsprechen. Es scheint, als nähmen wir persönlich wichtige Persönlichkeiten, denen wir in unserer frühen Entwicklung begegnen (und darüber hinaus) als Anteile in uns auf. Diese Introjekte können gutartig sein und als innere Helfer oder Förderer wirken. Sie können aber auch bösartig sein und einengend, kritisierend, herabwürdigend verletzend, quälend oder strafend wirken.

Eine dritte Gruppe von Anteilen entsteht in traumatischen Prozessen. Es kann ein Anteil entstehen, dessen Aufgabe es ist, jede Erinnerung an existenzielle Bedrohungen zu unterdrücken oder zu vermeiden. Wir begegnen dann einem phobischen Aufgabenerfüller, der anscheinend normalen Persönlichkeit (ANP). Parallel dazu können Anteile entstehen, die auf existenzielle Bedrohung fixiert sind und der Flucht, dem Kampf, der Erstarrung, der Unterwerfung oder der Erholung dienen (EPs).

Jeder Ego-State (Anteil) ist entstanden, um dem Individuum zu helfen. Jeder hat eine eigene Geschichte, eigene Bedürfnisse, eigene Fähigkeiten, eigene Symptome und eigene Funktionen. Sie lassen sich nicht elimenieren. Sie sind Teile einer „Selbstfamilie", können miteinander im Austausch sein, wachsen, lernen und sich entwickeln. Sind sie voneinander getrennt oder isoliert, lassen sie sich nicht vom zentralen Ich steuern. Sie zeigen sich dann in heftigen Affektdurchbrüchen.

Mit Menschen, die Affektregulierungsprobleme im Rahmen einer primären Dissoziation oder eine sekundäre Dissoziation entwickelt haben, sind auch im Rahmen von Erziehungsberatung Veränderungen zu erzielen. Wie schon erwähnt, ist es dann nicht sinnvoll, die Vergangenheitstraumata „aufzuarbeiten", sondern Interventionen zu entwickeln, die Betroffenen helfen, relativ stressfrei den Alltag zu gestalten.

Gewaltbereite Eltern

Bei gewaltbereiten Eltern sind darüber hinaus traumaspezifische Verhaltensmuster bekannt:

- Verleugnung von traumatisierenden Gewalterlebnissen in der eigenen Kindheit oder deren Bagatellisierung. („Hat mir auch nicht geschadet.") Diese Verleugnung dient dem Schutz vor schmerzhafter emotionaler Überflutung, dissoziiert dabei auch die Schmerzen des eigenen Kindes.

- Dissoziative Zustände mindern die elterliche Präsenz und die Fähigkeit, das Ausmaß an Gewalt und die für das Kind damit verbundenen Gefahren wahrzunehmen.
- Körperliche Übererregung führt zu beängstigenden Wutausbrüchen und zu anderen Impulsdurchbrüchen.
- Normale Situationen im Leben der Familie können Trigger für Trauma-bezogene Zustände sein: das Schreien eines Kindes z. B. kann Trauma-Erinnerungen auslösen, die „mit aller Gewalt" verhindert werden müssen.
- Täterloyale Persönlichkeitsanteile, innere Repräsentanzen des Täterverhaltens aus der Kindheit begünstigen gewalttätiges Verhalten als Elternteil.
- Vermeiden von Kontakten zu anderen Familien und Vermeiden von Verlassen der Wohnung dienen dem Ziel, emotionale Sicherheit aufrecht zu erhalten, wobei konstante Nähe in der Familie die Wahrscheinlichkeit von Gewaltausbrüchen erhöht.

Eltern reichen ihre Sichtweise der Welt an ihre Kinder weiter. In der Beziehung zu zugewandten Eltern lernen die Kinder, ihre intensiven Emotionen zu modellieren. Wenn sich Kinder sicher fühlen und ihre Umwelt vorhersehbar und reguliert ist, sind die besten Voraussetzungen für maximales Wachstum und Entwicklung des kindlichen Gehirns gegeben. Kinder, die in einem Zustand der Instabilität, Verstörtheit und Unvorhersehbarkeit aufwachsen, bleiben in den Überlebensmechanismen Kampf, Flucht oder Erstarren stecken, um größeres Leid zu vermeiden. Es bleibt kaum eine differenzierte Wahrnehmung der Welt, kaum Zugang zu eigenen Gedanken, Gefühlen und Optionen in Beziehungen. Das Kind erlebt sich als machtlos, außerhalb jeglicher Kontrolle, herabgewürdigt und losgelöst. Als Erwachsene werden genau diese Formen der Affektregulation, Impulskontrolle und Bindungsmuster weitergegeben (Barrett u. Stone Fish 2016).

„Haben Schläge mir geschadet?"

Frau Rademacher geriet immer wieder in Situationen, in denen sie „austickte", wie sie berichtete. Sie war dann „nicht sie selbst". Für kleinste Regelverletzungen schlug sie ihre 9-jährige Tochter Jennifer heftig. Hinterher tat es ihr sehr leid und es war ihr dann bewusst, dass sie Gefahr lief, ihre Tochter nicht nur emotional zu verlieren, sondern möglicherweise auch real: In der Schule wurden bei Jennifer während des Sportunterrichts blaue Flecken entdeckt; eine Meldung ging an das zuständige Jugendamt, was dann zu Kontakten zur Erziehungsberatungsstelle führte. Nach einigen Gesprächen, in denen deutlich wurde, wie stark die Tochter von der Mutter misshandelt wurde und in denen Frau Rademacher einerseits Scham über ihr Verhalten entwickelte, entstand gleichzeitig auch ein Vertrauensverhältnis zur Beraterin. Sie verstand, dass es die Beraterin gut mit ihr meinte.

Frau R.: „Wissen Sie, ob Schläge schaden, weiß ich eigentlich nicht. Schließlich habe ich ja auch Prügel bekommen von meiner Mutter. Hat mir das geschadet?"
Beraterin: „Ja, da denkt man manchmal, dass das nicht geschadet hat. Bei näherer Betrachtung aber doch."
Frau R.: „Wie meinen Sie das?"
Beraterin: „Dann frage ich Sie mal direkt: Wie war denn die Beziehung zu ihrer Mutter?"
Frau R.: „Eigentlich ganz okay. Ich habe natürlich eine Menge Respekt vor ihr gehabt. Sie war ja alleinerziehend, genau wie ich jetzt."
Beraterin: „Respekt oder auch manchmal Angst?"
Frau R.: „Na ja, mehr Angst, eigentlich."
Beraterin: „Und wie möchten Sie das Verhältnis zu ihrer Tochter gestalten?"
Frau R.: „Um Himmels Willen, jetzt weiß ich was Sie meinen. Nein, Jennifer soll zwar Respekt vor mir haben, aber doch keine Angst!"
Beraterin: „Kann es sein, dass Sie sich neben Respekt auch noch wünschen, dass Jennifer Sie liebt."
Frau R.: „Ja natürlich, genau genommen mehr Liebe als Respekt."

Hier wird deutlich, dass Frau Rademacher sich sehnlichst wünschte, eine Musterunterbrecherin zu werden. Das, was sie in ihrer eigenen Herkunftsfamilie erlebt hatte, wollte sie auch keinen Fall wiederholen. Hier kann eine wesentliche Motivation für eine Verhaltensveränderung entstehen. In einem der nächsten Gespräche bot die Beraterin Frau Rademacher an, über Formen der Affektregulierung zu sprechen.

Angetriggert sein

Beraterin: „Frau Rademacher, kennen Sie das von sich, dass sie plötzlich so unter Druck geraten und Sie fast die Fliege an der Wand stört?"
Frau R.: „Ja, das kenne ich. Und wenn Jennifer dann mit irgendetwas nervt, dann kann es vorkommen, dass sie sich eine fängt."
Beraterin: „Wenn ich sie richtig verstanden habe, wollen Sie das ja nicht mehr. Sie wollen Ihre Tochter Jennifer nicht mehr schlagen, richtig?"
Frau R.: „Ja richtig."
Beraterin: „Kann es sein, dass Sie, wenn Sie so unter Druck geraten, kurz vorher oder währenddessen an das erinnert sind, was in Ihrer Familie damals passiert ist?"
Frau R.: „Ja, oft."
Beraterin: „Und wenn dann Wut in Ihnen hochkommt, dann hat das ja seinen guten Grund. Aber der gute Grund liegt in der Vergangenheit. Da waren Sie ja ein kleines Kind und konnten sich nicht wehren, wenn Sie geschlagen worden sind. Und wenn dann jetzt die Wut hochkommt, gehört die eigentlich zu damals."
Frau R.: „Und dann kriegt Jennifer die Wut ab, die eigentlich mein Vater abkriegen sollte? Meinen Sie das?"
Beraterin: „Ja, so könnte man das sagen."

Frau Rademacher hatte jetzt etwas von dem verstanden, was im Fachjargon „angetriggert sein" genannt wird. Durch irgendein Fragment im Sehen, Hören, Riechen, Empfinden oder dergleichen wurde sie an die Gewaltszenen ihrer eigenen Kindheit erinnert. Blitzschnell entstanden auch die Emotionen von damals wieder. Neben der Angst erlebte sie jetzt auch wieder die Wut, die damals keinen Ausdruck finden konnte. Jetzt ging es aber, und die Wut kam heraus, doch nicht dort, wo sie entstanden war, sondern einem Menschen gegenüber, der zufällig in der Nähe war, ihre Tochter Jennifer. Sie war angetriggert und die Vergangenheit schob sich in der Wahrnehmung vor die Gegenwart.

Auszeit und Dissoziations-Stopp

Frau R.: „Und was soll ich machen, damit meine Tochter das nicht abbekommt?"
Beraterin: „Lassen Sie uns das mal gemeinsam herausfinden. Kurz bevor Sie so wütend werden, merken Sie da irgendetwas in ihrem Körper? Irgendwelche ersten Anzeichen der bevorstehenden Explosion?"
Frau R.: „Vielleicht. Irgendwie werde ich so unruhig."
Beraterin: „Wo merken Sie diese Unruhe?"
Frau R.: „So in den Beinen."
Beraterin: „Wenn Sie diese Unruhe in den Beinen merken, können Sie dann noch etwas tun, um sich in Sicherheit zu bringen, so etwas wie eine Pause einzuläuten, um sich zu beruhigen?"
Frau R.: „Könnte ich ja mal versuchen."
Beraterin: „Welcher Satz würde dann dazu passen, wenn Sie eine solche Pause einlegen wollen?"
Frau R.: „Ruhig bleiben. Das wäre der Satz."
Beraterin: „Okay. Ruhig bleiben. Falls Sie möchten, könnte ich Ihnen noch eine Übung zeigen, die Sie zusätzlich machen könnten, falls Sie möchten."
Frau R.: „Na erzählen Sie mal."
Beraterin: „Dazu müssten Sie zunächst an eine Situation denken, die Sie Jennifer gegenüber immer wieder ärgerlich macht."
Frau R.: „Wenn sie von der Schule nach Hause kommt, ihren Rucksack im Flur in die Ecke knallt und ruft: ‚Heute war wieder alles scheiße.'"

Beraterin: „Gut. Wenn Sie jetzt daran denken, was spüren Sie dann im Körper?“

Frau R.: „Es schnürt mir die Kehle zu.“

Beraterin: „Okay. Bitte beschreiben Sie mir jetzt einen Gegenstand hier im Raum, den ich möglicherweise nicht sehen kann. Beschreiben Sie mir den Gegenstand bitte so genau, dass ich vielleicht raten kann, welchen Gegenstand Sie meinen.“

Frau R.: (lacht) „So wie bei: Ich sehe was, was du nicht siehst?“

Beraterin: „Ja, genau.“

Frau R.: „Also das ist rund, man kann was reintun und es ist schwarz.“

Beraterin: „Das machen Sie sehr gut. Vielleicht können Sie mir noch sagen, aus was für einem Material der Gegenstand besteht und wie groß er ist.“

Frau R.: „Das ist aus Metall, aber mit so ganz vielen kleinen Löchern drin, wie ein Gitter. Und er ist ... ja wie groß eigentlich ... so wie eine Einkaufstüte.“

Beraterin: „Ich glaube, Sie haben das so gut gemacht, dass ich jetzt raten kann: Ist es mein Papierkorb?“

Frau R.: „Ja genau!“

Beraterin: „Das hat ja sogar noch Spaß gemacht. Wie geht es Ihnen jetzt? Was spüren Sie in ihrem Körper?“

Frau R.: „Ich fühle mich gut, alles in Ordnung.“

Beraterin: „Und was haben Sie in den letzten paar Minuten über sich gelernt?“

Frau R.: „Wenn es mir schlecht geht und ich flippe gleich aus, kann ich selbst was tun, damit es mir besser geht. Vielleicht einen Gegenstand beschreiben.“

Beraterin: „Genau. Zu Hause bin ich ja nicht dabei, da müssten Sie für sich ganz alleine einen Gegenstand beschreiben, das mit dem Raten fällt ja dann weg. Aber es wirkt auch, wenn Sie sich selbst im Stillen etwas beschreiben.“

Frau Rademacher hatte in dieser Übung die Wirkung eines Dissoziations-Stopps erfahren. Sie bekam das Angebot, diese Übung immer dann anzuwenden, wenn wieder diese Enge im Hals zu spüren ist. Wenn man möchte, kann man nach dieser Übung auch noch eine kleine Einheit Psychoedukation einschieben. Diese Übung funktioniert genauso, wie die Zählen-und-Atmen-Übung, die weiter oben vorgestellt wurde. Die Beschreibung eines beliebigen Gegenstandes beschäftigt die linke Hemisphäre des Gehirns und gleicht damit die heftigen Aktivitäten der rechten Hemisphäre aus. Oder: Die heißen Notfallschaltungen des Gehirns geraten in einen Prozess der Affektsteuerung durch Aktivitäten des kühlen Speichers des Neocortex. Manchmal gibt es bei erwachsenen Klientinnen und Klienten neben aggressiven Durchbrüchen noch andere Anteile: emotionaler Rückzug, suizidale Gedanken, Suchtverhalten und anderes. Die Prinzipien der hier dargestellten Arbeit können auch bei anderen Anteilen (Ego-States) angewandt werden.

Schritte zu einem Veränderungsprozess

Um zu einem Veränderungsprozess bei problematischem Verhalten bei Erwachsenen zu gelangen, sind folgende Schritte notwendig:

1. Auswählen des Verhaltensmusters (immer nur eins!)
2. Motivation für eine Veränderung
3. Den guten Grund für dieses Verhalten in der Vergangenheit benennen
4. Nicht die Vergangenheit „aufarbeiten", sondern erste Anzeichen finden, die den Anfang des Verhaltens-Musters ankündigen (im Körper?)
5. Alternativen finden, die eingeübt werden können
6. Klienten ermuntern, die Alternative im Alltag auszuprobieren

„Papa soll wieder so werden wie früher.“ Auswirkungen von sequenziellen Traumata auf einen Vater, sekundäre Traumatisierung in der Familie. Beratung der Familie[1]

Herr Schmidt war Polizist. Sein Beruf machte ihm grundsätzlich Freude. Er sah sich als Helfer und Schützer, dessen Aufgabe es ist, das Leben von Menschen sicherer zu gestalten. Seit einiger Zeit zog er sich jedoch immer mehr zurück, nahm kaum noch an Familienunternehmungen teil und spielte auch zu Hause nicht mit den beiden Kindern. Nach einem besonders schweren Einsatz mit Schusswechsel, während dessen Herr Schmidt sein Leben nur durch einen tödlichen Schuss retten konnte, fiel seine Veränderung auch im Kollegenkreis auf. Eine angebotene Stressberatung nahm er jedoch nicht in Anspruch. Er sei doch kein „Weichei“. Frau Schmidt sah die Entwicklung in der Familie mit Sorge. Sie merkte, dass der 12-jährige Sohn Finn in seinen Schulleistungen nachließ und häufiger in Schlägereien mit Klassenkameraden geriet. Die 10-jährige Tochter Silke wurde in letzter Zeit sehr still, war kaum erreichbar oder weinte manchmal plötzlich. Alle drei nahmen Rücksicht auf den Vater, der sich zu Hause immer mehr abkapselte. Er verbrachte mehr Zeit als früher in seinem Bastelkeller. Herr Schmidt hatte seiner Frau von dem gefährlichen Einsatz berichtet, sie hatte Verständnis für das Verhalten ihres Mannes, war aber zutiefst unzufrieden mit der Atmosphäre, die in der Familie entstand. Sie machte sich Sorgen um die Kinder und suchte eines Tages eine Erziehungsberatungsstelle auf.

Ohne Zweifel gelten einige Berufsgruppen im Rahmen ihrer üblichen Tätigkeiten zu den besonders traumagefährdeten Personen: Soldaten, Journalisten, Intensivpflegepersonal, Mitarbeiter bei Polizei, Feuerwehr und Rettungsdiensten. Die Einsatzkräfte der zuletzt genannten gehören nach Frauke Teegen (2003) zu den

1 Teile dieses Abschnitts wurden als Online-Material zu Posttraumatische Belastungsstörungen bei Kindern und Jugendlichen, Carl Auer Heidelberg, 2016 veröffentlicht.

Hochrisikogruppen. Für direkt Betroffene dieser Gruppen, die dann als primär traumatisiert zu bezeichnen wären, sind vielerorts Unterstützungsmöglichkeiten entwickelt worden, von der direkten Nachsorge bis zu stationären Maßnahmen bei anhaltender Symptomatik einer Posttraumatischen Belastungsstörung (PTBS). Diese Angebote werden leider weniger in Anspruch genommen, als zu wünschen wäre.

Gespräche mit Kolleginnen und Kollegen und/oder Familienangehörigen helfen, das traumatische Erlebnis zu verarbeiten und emotionale Stabilität zu erlangen. Kolleginnen und Kollegen sowie Familienangehörige bemerken auch später als erste verändertes Verhalten, können es mit dem Trauma in Verbindung bringen und versuchen, durch persönliche Unterstützung die Auswirkungen zu lindern. Diese Hilfe hat aber einen Preis. Dieser Preis der Hilfsbereitschaft aus kollegialer Verbundenheit oder familiärer Liebe wird von einigen Autoren als „sekundäre Traumatisierung" oder „übertragene Traumatisierung" bezeichnet. Diese Traumatisierungen werden definiert als Übertragung posttraumatischer Stressreaktionen ohne direkte sensorische Eindrücke des Ausgangstraumas sowie mit zeitlicher Distanz dazu (Daniels 2006, 2007). Die Familienmitglieder von Soldatinnen leiden beispielsweise unter einem hohen Ausmaß an Aggressivität und Reizbarkeit, an emotionaler und körperlicher Distanzierung und an reduzierter kommunikativer Kompetenz der Traumatisierten (Wesemann et al. 2015). In diesem Zusammenhang wird auch die Mitgefühlserschöpfung genannt, die im helfenden, professionellen oder privaten Kontakt mit extrem leidenden Traumatisierten entsteht, verbunden mit tiefer Sympathie und dem Wunsch, den Schmerz des Betroffenen zu lindern oder seine Ursache zu beseitigen (Figley 2002).

Symmetrische Muster als Traumafolge

Beim ersten Familiengespräch mit Herrn und Frau Schmidt und den beiden Kindern erfuhr der Vater das erste Mal direkt, wie sehr die Ehefrau und die Kinder sich Sorgen um ihn machten. Der Sohn Finn meinte, dass sein Vater einen ganz blöden Beruf habe, bei dem man immer wieder Angst haben müsse, ob er am Abend gesund nach Hause komme. Da mache das Fußballspielen mit ihm keinen Spaß mehr und das sei ganz okay so, dass das sowieso kaum noch stattfinde. Aber wütend machte ihn das auch. Die Tochter Silke fing an zu weinen, während ihr Bruder sprach. Sie erzählte dann, wie oft sie schon Angst gehabt habe, Papa sei etwas passiert, wenn er nicht pünktlich nach Hause gekommen war. Frau Schmidt meinte, es müsse dringend etwas geschehen, so könne es nicht weitergehen.

Nicht nur direkt vom Trauma Betroffene, sondern auch Familienmitglieder, die von den lebensbedrohlichen Situationen erfahren, können in ihren Annahmen über die Welt zutiefst erschüttert werden (McAllister 2003). Es kann sich auch bei Kindern das Gefühl vertiefen, dass die Welt kein sicherer Ort ist, und damit die Neigung, für sich selbst und andere permanent Sicherheits- und Notfallpläne zu entwerfen, ohne dass die Hilflosigkeit und die Sorge um andere wirklich geringer werden. Im Gespräch mit anderen Kindern kann zusätzlich eine Entfremdung entstehen. Andere können diesen extremen Sicherheitsverlust nicht verstehen. Wenn im Denken bei Kindern Angst vor Gefahren vorherrscht, beherrscht das Trauma den Kontakt mit ihrer Umwelt. Die bisher geschilderten Reaktionen kann man unter systemischen Gesichtspunkten symmetrische Eskalation nennen. Der Reaktion der primär Betroffenen stehen die Reaktionen der Nichtbetroffenen gleichförmig und gleichgewichtig gegenüber. Eine zweite Reaktionsform kann man unter dem Begriff der komplementären Eskalation beschreiben.

Je mehr sich Herr Schmidt in seinen Bastelkeller zurückzog, je weniger erwarteten die Kinder etwas von ihm. Silke fragte nicht mehr, ob er bei den Schulaufgaben helfen kann, Finn fragte nicht mehr nach einem gemeinsamen Fußballspiel. Die Ehefrau übernahm mehr und mehr alle Aufgaben, die mit der Außenvertretung der Familie zu tun hatten, wie z. B. Gespräche mit der Bank oder die Teilnahme an Schulveranstaltungen der Kinder. Herr Schmidt fühlte sich einerseits entlastet, vermutete aber auch, dass seine Frau ihn nicht dabeihaben wollte. Er vermisste den Kontakt mit den Kindern, nahm aber nicht wahr, wie er selbst dazu beitrug, dass die Kinder seine Nähe nicht mehr suchten. Beide Kinder wollten am liebsten, dass ihr Papa wieder so wird wie früher.

Plötzlich auftretende Prozesse von emotionaler oder körperlicher Anspannung bei Herrn Schmidt erschwerten das Familienleben zusätzlich. Wenn er sich zum Beispiel plötzlich beim Essen äußerst aggressiv über die Tischmanieren der Kinder beschwerte, fühlen die Kinder sich schuldig. Ohne dies zum Ausdruck zu bringen, waren Herrn Schmidt diese Schimpfkanonaden kurz danach sehr peinlich, gab es doch am Benehmen der Kinder eigentlich nichts auszusetzen. Dann zog er sich wieder zurück, schämte sich und fühlte sich als Vater wertlos und inkompetent. Die Kinder dachten hingegen, sie hätten den Vater wieder einmal verärgert. Sie mieden noch häufiger den Kontakt zu ihm. Frau Schmidt vermutete, dass eine Konfrontation des Ehemannes die Situation nur noch schwieriger machen würde und schwieg.

Komplementäre Reaktionen können ebenfalls durch die Reaktionen von Betroffenen und Nicht-Betroffenen auf ein Trauma ausgelöst werden, stellen jedoch eine Form von gegensätzlichen Reaktionen dar. Sie sind dann vorzufinden, wenn Familienmitglieder in der Folge in einen deutlicheren Distanzierungsprozess zum Traumatisierten gehen. Dies führt unter Umständen zu einer sich selbst verstärkenden zwischenmenschlichen Distanz trotz vorhandener Zuneigung und Empathie (Harkness u. Zador 2004). Wenn ein Kind zum Beispiel den Vater freundlich umarmen möchte, dieser aber kein Interesse an körperlicher Nähe signalisiert, kann sich das Kind abgelehnt und verletzt fühlen und sich total von ihm zurückziehen. Vermeidungsverhalten und emotionale Taubheit erschweren Traumatisierten den Umgang mit den eigenen Emotionen und mit denen anderer.

Die bei primär Traumatisierten immer wieder plötzlich auftauchenden Nachhallerinnerungen, die Betroffenen bedrohliche Momente aus der Vergangenheit als in der Gegenwart präsent erscheinen lassen, sowie die Versuche, diese emotionalen Überflutungen zu vermeiden, können anderen gegenüber zu einem Leben in zwei Zeitzonen führen. So könnte ein Sanitäter immer wieder an die schrecklichen Bilder des Massenunfalls auf der Autobahn im letzten Monat denken, während seine Frau und seine Kinder schon die Urlaubsreise nach Dänemark im Sinn haben. Wenn die Kinder dann versuchen, mit dem Vater über ihre Vorfreude zu sprechen, merken sie eine eigenartige emotionslose Haltung bei ihm. Die aus seinem traumatischen Erleben resultierende Schwierigkeit, sich auf das Hier und Jetzt und die Zukunft einzulassen, macht den anderen die Verständigung schwer und führt bei den Kindern unter Umständen dazu, zukünftig das Gespräch mit dem Vater zu vermeiden.

Plötzliche Wutausbrüche, die als Teil von chronischer körperlicher Anspannung bei Traumatisierten vorkommen, machen entspannte Situationen in der Familie nahezu unmöglich. Im Gegenteil: Bei anderen kann ein Druck entstehen, in keiner Weise Anlass zu einem solchen Ausbruch geben zu wollen. Die Kinder fühlen sich vielleicht angespannt und kontrolliert. Eine Ehefrau sagte: „Es ist, als lebe man mit jemandem zusammen, dessen Stimmung dauernd wechselt – wie bei einem Wasserstrahl, der eben noch angenehm kühl war und dann plötzlich kochend heiß ist." Der Traumatisierte verliert in diesen angespannten Situationen mehr und mehr Vertrauen in sich selbst und in andere, zieht sich zurück und hat mit Gefühlen von Scham, Einsamkeit und Wertlosigkeit zu kämpfen.

Zu einem weiteren rekursiven systemischen Prozess kann es kommen, wenn der Traumatisierte weniger Verantwortung in der Familie übernimmt, weil er eingeschränktes Leistungsvermögen signalisiert oder weil er für eine gewisse Zeit geschont werden soll. Falls andere dann dieses Leistungs- oder Entscheidungstief über einen langen Zeitraum kompensieren, kann dies dazu führen, dass der primär Traumatisierte immer weniger Anlass oder Verpflichtung spürt, seine früher vorhandenen Kompetenzen wieder zu entwickeln, und andere gewöhnen sich daran, mehr zu leisten und sich unter Umständen zu überfordern. Die Menschen mit den Symptomen einer PTBS geraten voller Scham und Schuldgefühle immer mehr ins Abseits, die hilfreichen Familienmitglieder brechen unter Umständen in der Überlastung zusammen. In Familien entwickelt sich unter Umständen ein Verhaltensmuster, innerhalb dessen sich die Kinder nur noch an die Mutter wenden, die die alleinige Exekutive übernimmt, während der Vater wie „von draußen herein schaut". Wenn eine Mutter immer mehr von den Aufgaben in der Familie übernimmt, die früher ihr Mann ausgefüllt hat, dabei aber nicht von anderen Aufgaben entlastet wird, fühlt sie sich mehr und mehr wie eine allein erziehende Mutter ohne Partner. Der Familienvater wird möglicherweise in den totalen Rückzug gehen und innerhalb der Wohnung sein „Eigenleben" führen. Unterfunktion stützt Überfunktion und Überfunktion stützt Unterfunktion (Harkness u. Zador, a.a.O.).

Psychoedukation und Auszeiten

Mit dem Begriff Psychoedukation werden Interventionen bezeichnet, die Betroffenen Wissen über die Psyche, die Seele oder die neurobiologischen Funktionen bezüglich einer vorliegenden Beeinträchtigung vermitteln, hier also bezüglich eines seelischen Traumas. Wer etwas über die individuelle und teambezogene/familienbezogene Trauma-Dynamik versteht, kann besser einordnen, warum sich Menschen in bestimmten Situationen so merkwürdig verhalten. Wenn eine Ehefrau eines Polizisten z. B. weiß, dass es die heftigen Flashbacks sind, die ihren Mann dazu bringen, die Wohnung zu verlassen und kurz vor dem Zubettgehen vielleicht eine kurze Jogging-Einheit zu absolvieren, weiß sie, dass die Ursache für sein plötzliches Verschwinden nicht eine heftige Irritation in der Beziehung ist.

Ein Auszug aus dem Gespräch mit Familie Schmidt:

Berater: „Wenn das für Sie alle in Ordnung ist, möchte ich gern etwas erklären. Herr Schmidt, ich habe verstanden, dass Sie in Ihrem Beruf oft mit besonders schwierigen Situationen zu tun haben. Da kommt es offensichtlich hin und wieder darauf an, ganz schnell zu reagieren, um das eigene Überleben und das Überleben der Kolleginnen und Kollegen zu sichern. Und das schaffen Sie ja ganz gut, Herr Schmidt. Trotzdem werden Sie wohl manchmal ganz plötzlich so heftig daran erinnert, dass Sie in diesem Moment für andere gar nicht ansprechbar sind. Und dann ziehen Sie sich zurück, um innerlich wieder zur Ruhe zu kommen. Passt das so, wie ich das eben erklärt habe?"
Herr Schmidt: „Ja, so ähnlich ist das."
Berater: „Aber Ihre Frau und Ihre Kinder wissen ja nicht, was in Ihnen vorgeht. Und die denken dann vielleicht manchmal, sie selbst hätten irgendwas Falsches gesagt oder etwas falsch gemacht, die denken dann, sie seien schuld. Kommt euch das bekannt vor, Silke und Finn?"
Finn: „Ja, genau. Vor allem, wenn du dann so rumfluchst!"
Frau Schmidt: „Das ist aber auch wirklich nicht schön, wenn du so einen Anfall bekommst. Dann will keiner mehr mit dir zu tun haben. Aber woran soll ich denn erkennen, ob du wirklich über etwas verärgert bist oder du dich nur wieder an was Schlimmes erinnerst?"
Berater: „Vielleicht können wir später noch darüber sprechen. Möchten Sie Ihrer Frau und ihren Kindern etwas sagen?"
Herr Schmidt: „Ja, erst mal tut es mir unheimlich leid, dass ihr oft gedacht habt, dass ihr schuld seid, wenn ich so außer mir war. Es war nicht Eure Schuld. Ich will mir auch Mühe geben, dass das nicht mehr vorkommt. Vielleicht gehe ich doch mal zur Stressberatung und lass mich

beraten, was man da machen kann. Ich habe gehört, dass man bei der Stressberatung nicht über das sprechen muss, was da passiert ist."

Berater: „Ja das ist so. Ob Sie aber zur Stressberatung gehen, ist natürlich Ihre Entscheidung, Herr Schmidt. Was denken Sie, Frau Schmidt?"

Frau Schmidt: „Ich fände das richtig gut, wenn du da mal hingehen würdest. Und wenn du dann nicht mehr so oft wegrennen würdest."

Berater: „Vielleicht geht das nicht so schnell, dass Sie nicht mehr mit diesen belastenden Erinnerungen zu tun haben, Herr Schmidt. Aber vielleicht können Sie einen Weg finden, anders damit umzugehen. Falls Sie trotzdem noch eine Zeit lang eine Ruhepause benötigen, wäre es sicher gut, wenn Sie als Familie ein Code-Wort finden könnten, das signalisiert: ‚Vater braucht eine Auszeit und kommt später wieder.' Was meinen Sie, wie lange brauchen Sie für eine solche Auszeit, Herr Schmidt?"

Herr Schmidt: „Vielleicht eine halbe Stunde."

Frau Schmidt: „Aber nicht, dass du dann alle halbe Stunde deine Auszeit haben willst."

Herr Schmidt: „Nein, das wird schon nicht passieren."

Berater: „Wie soll denn das Code-Wort heißen, das Sie benutzen wollen?"

Herr Schmidt: „Ich schlage das Wort ‚Auszeit' vor."

Berater: „Hört sich gut an, das wäre ja auch ein Wort, das in der Alltagssprache nicht in einem anderen Zusammenhang vorkommen würde. Habt ihr Kinder denn verstanden, was es bedeutet, wenn Papa ‚Auszeit' sagt?"

Finn: „Ja, dann braucht Papa eine Pause, weil er schlechte Gedanken hat und weil er wieder ärgerlich ist, aber nicht auf uns. Und dann kommt er in einer halben Stunde wieder."

Silke: „Und was macht er mit uns nach seiner Pause?"

Sprachlosigkeit führt zu Erstarrung. Wenn die Auswirkungen eines Traumas in Worte gefasst werden können, entsteht ein besseres gegenseitiges Verständnis für die tiefe Verzweiflung, Wut oder Ohnmacht, von der vielleicht nicht nur die primär Traumatisierten erfasst worden sind. In Familien ist es dabei eine wichtige Entscheidung, wie viele Details die Partner oder die Kinder vom primären traumatischen Erlebnis wissen müssen. Doch ein Trauma braucht eine Bezeichnung, sodass es ansprechbar ist. Dann kann z. B. die Frau eines Feuerwehrmannes zu ihren Kindern sagen: „Papa ist nicht böse auf euch. Er geht jetzt eben in den Garten, weil er jetzt wieder traurig ist, wenn er an den schlimmen Brand denkt." Die Bezeichnung „schlimmer Brand" reicht aus, ohne dass in allen Details allen Familienmitgliedern gegenüber berichtet werden muss, wie intensiv es gebrannt hat, wie viele Haustiere ums Leben gekommen sind und wie viele Menschen extrem gefährliche Brandwunden davongetragen haben. Das Verhalten des Traumatisierten muss erklärbar werden. Und die indirekt Betroffenen benötigen Klarheit, wie sie den Kontakt zu ihm halten können, ohne sich selbst oder andere zu überfordern.

Stressberatung kann Traumatisierten dazu verhelfen, dass sie besser mit wiederholt aufkommendem bedrohlichen Gefühlen umgehen können. Zu Maßnahmen der Stabilisierung primär Traumatisierter zählen einerseits die so genannten Imaginationsübungen, bei denen durch über die innere Vorstellungskraft entstehende positiven Bilder (z. B. sicherer Ort, Tresor, inneres Team, wärmender Lichtstrom) ein Gegengewicht zu belastenden Bildern bewirkt werden kann. Zur Stabilisierung zählen aber auch körperliche Übungen, bei denen auf ganz direkte Weise einer posttraumatischen körperlichen Erstarrung vorgebeugt wird. Als drittes werden Maßnahmen besprochen, die bisher geholfen haben, in Stress-Situationen wieder zu einem seelischen Gleichgewicht zu gelangen, so genannte Skills (taktile, olfaktorische oder gustatorische starke Reize, die den Betreffenden im Hier und Jetzt halten, bzw. zurück bringen siehe auch im nächsten Kapitel).

Neue Verabredungen

Eine systemische Stabilisierung soll vorbeugen, dass Familienmitglieder in eine enge Traumasymbiose geraten oder in einer großen Distanz zwischen primär und sekundär Betroffenen erstarren. So wird man dazu raten, dass Familien miteinander Aktionen planen, die auf die positiven Dinge des Familienlebens oder der Organisationsstruktur ausgerichtet sind. Das könnte ein gemeinsamer Ausflug sein, ein Konzertbesuch oder eine andere gemeinsame Unternehmung. Bezüglich der zu erfüllenden Alltagsaufgaben hilft weder eine übertriebene Schonhaltung gegenüber primär Traumatisierten (und auch nicht eine damit einhergehende Überlastung der Nichtbetroffenen), noch eine massive Überlastung als Ablenkung von belastenden Erinnerungen aus dem Trauma. Vielmehr sollte zusammen mit allen Familienmitgliedern ein Plan entwickelt werden, der eine angemessene schrittweise Aufgabenübernahme beinhaltet. Im Gespräch könnte auch festgehalten werden, wie die Familie bisher schon zur Stabilisierung der primär Betroffenen beigetragen hat, und diese Aktionen sollten als systemische Genesungsleistung besonders geschätzt werden.

Berater: „Ich glaube, ihr habt alle versucht, eurem Papa zu helfen, über schlechte Gedanken und schlechte Gefühle, die mit seinem Beruf zusammenhängen, hinwegzukommen. Vielleicht haben Sie, Frau Schmidt, Ihren Mann besonders geschont. Vielleicht hast du, Finn, deinen Vater ablenken wollen und du, Silke, wolltest vielleicht deinem Papa immer wieder zeigen, wie lieb du ihn hast. Ich glaube, euer Papa hat jetzt verstanden, dass er in der Familie gebraucht wird und wie sehr ihr ihn vermisst habt. Deswegen haben wir über die Pause und das Code-Wort gesprochen, damit er selbst sagen kann, wann er eine Pause braucht. Jetzt könnten wir darüber sprechen, was sich jeder von Papa wünscht, wenn die Pause vorbei ist."
Finn: „Ich möchte mal wieder mit Papa einen ganzen Nachmittag Fußball spielen. Wie früher."
Berater: „Was meinen Sie, kriegen Sie das hin, Herr Schmidt?"
Herr Schmidt: „Ich will's versuchen."
Berater: „Ist vielleicht ein ganzer Nachmittag noch zu viel für den Anfang?"
Herr Schmidt: „Was meinst du, Finn, wollen wir erst mal mit zwei Stunden anfangen?"

Finn: „Na gut."

Berater: „Okay, können Sie Ihrem Sohn darauf die Hand geben?" (Vater und Sohn geben sich die Hand.) „Und du, Silke, was möchtest du wieder gern mit Papa machen?"

Silke: „Ich möchte gern, dass Papa mir jeden zweiten Abend was vorliest, einen Abend Mama, einen Abend Papa. Das wäre toll."

Berater: „Können Sie das ihrer Tochter versprechen?"

Herr Schmidt: „Na klar. Nur nicht an Abenden, an denen ich Nachtdienst habe."

Silke: „Ach, das habe ich ganz vergessen. Aber das war ja auch schon früher so."

Berater: „Gut, also abgemacht? Können Sie ihrer Tochter darauf die Hand geben?" (Vater und Tochter geben sich die Hand.)

Herr Schmidt (an seine Frau gewandt): „Und was wünschst du dir von mir?"

Frau Schmidt: „Das mit dem Vorlesen entlastet mich schon sehr. Aber es wäre toll, wenn du wieder dabei sein könntest, wenn wir uns mit den Nachbarn treffen oder wenn ich was in der Bank zu besprechen habe wegen der Hypotheken. Das ist mir so unangenehm, wenn ich diese Dinge allein machen muss. Und das wichtigste wäre für mich, dass du wirklich mal zu der Stressberatung hingehst, die dir angeboten wurde. Ich kann dir wirklich nicht helfen, das musst du alleine hinkriegen."

Herr Schmidt: „Ja, ja, ich weiß. Versprochen."

Berater: „Können Sie Ihrer Frau auch darauf die Hand geben?" (Herr und Frau Schmidt nehmen sich in den Arm.)

Berater: „Mein Vorschlag wäre, dass wir uns jetzt verabschieden und dass wir uns nächste Woche wiedersehen. Und dann bin ich schon ganz gespannt, was von den Plänen gut geklappt hat und ob wir über etwas sprechen müssen, um die Verabredungen zu verbessern."

Bei sekundären Auswirkungen von Traumatisierungen einzelner erwachsener Familienmitglieder wird im Familiengespräch nicht über die Details der Traumata gesprochen, sondern über die Auswirkungen, um neue Möglichkeiten von familiären posttraumatischen Musterunterbrechungen zu entwickeln. Die Familiengespräche können eventuell angemessene Einzeltherapien nicht ersetzen, sondern ergänzen.

Zur Akzeptanz psychologischer Unterstützung nach erlittenen Schocks in traumagefährdeten Berufen haben zahlreiche Zeitungs- und Fernsehberichte beigetragen. Auch in Unterhaltungsfilmen, wie z. B. beim „Tatort“, sind in den letzten Jahren häufiger Polizeibeamte zu sehen, die psychologische Hilfe nach extremen Einsätzen bekommen. Und es gibt inzwischen Internetportale, in denen Betroffene berichten und in denen von offizieller Seite Hilfe angeboten wird (www.schußwaffengebrauch.de, www.trauma-informations-zentrum.de). Die Stiftung der Deutschen Polizeigewerkschaft hat in Lenggries, Lenggries-Fall und Niedernach am Walchensee Zentren für traumatisierte Polizeibeamte und ihre Familien eingerichtet. Diese Behandlungszentren sind auch für Feuerwehrleute und Rettungssanitäter offen.

Wir sollten nicht vergessen, dass Polizisten, Feuerwehrleute und Rettungssanitäter sich der Aufgabe widmen, unser aller Leben ein wenig sicherer zu gestalten. Wenn diejenigen von ihnen, die durch ein Trauma einer außergewöhnlichen Belastung ausgesetzt sind, Unterstützung durch ihre Lebenspartner, ihre Familien und ihre Teamkollegen bekommen, kämpfen sie gemeinsam dagegen an, dass das Trauma seine infektiöse Kraft entfaltet. Und jedes Mal, wenn dadurch der Schmerz des Traumas in mehr Wissen, in mehr Energie, Leidenschaft und Weisheit für menschlich bedeutsame Beziehungen umgewandelt werden kann, sind wir der Welt, wie wir sie wünschen, einen Schritt nähergekommen.

Die einsteigende Aussteigerin: Entwicklungstraumatisierungen und Affektregulierung bei einer Jugendlichen

In der Arbeit mit Jugendlichen, die in ihrer Entwicklung mehrfach traumatisiert wurden (z. B. in ihrer Herkunftsfamilie) und eine Reihe von problematischen Verhaltensweisen entwickelt haben, ist die Veränderung dieser Verhaltensmuster vor allem deswegen schwieriger, weil die Jugendlichen kaum Vertrauen erwachsenen Beratern und Beraterinnen gegenüber entwickeln wollen. Warum sollten sie das auch? Erstens haben sie in ihrer Kindheit schmerzhaft lernen müssen, dass man Erwachsenen nicht trauen darf. Sie sind, in welchen Zusammenhängen auch immer, missbraucht, vernachlässigt, ausgegrenzt und ausgenutzt worden. Auf ihre Wünsche ist nicht feinfühlig eingegangen worden. Zweitens befinden sie sich altersbedingt in einer Phase, in der Gleichaltrige mehr Einfluss auf sie haben, als Eltern oder andere Erwachsene. Trotzdem kommt es – manchmal in Zwangskontexten – zu Beratungssituationen mit Jugendlichen. Für Zwangskontexte haben Marie Luise Conen und Gianfranco Cecchin (2007) ein hilfreiches Konstrukt für die Arbeit mit unmotivierten Klienten entwickelt. Conen stellt fest, dass Kontrolle und Beratung durch unterschiedliche Institutionen repräsentiert sein müssen, sodass Beratende danach fragen können, was wohl die Kontrollierenden (Jugendamt, Jugendrichter o.ä.) im Rahmen der Beratung erwarten. „Wie kann ich Ihnen helfen, mich wieder loszuwerden?" ist der Titel ihres Buches und ein viel zitierter Satz in Zwangskontexten.

Jaqueline war 17 Jahre, als sie eine Erziehungsberatungsstelle aufsuchte. Ganz freiwillig kam sie nicht, die Erzieherinnen in ihrer Jugendhilfeeinrichtung hatten sie zur Beratung geschickt, damit sie ihre Traumata aufarbeiten sollte. Sie hatte in ihrer Herkunftsfamilie unter physischer und unter sexueller Gewalt gelitten, befand sich im Alter zwischen 13 und 15 Jahren „auf Trebe" (rumtreiben als Ausreißerin) und lebte seit zwei Jahren in einer Jugendwohngruppe. Sie besuchte eine Hauptschule und fand Gefallen am Unterricht. In der Gruppe war sie wegen ihrer burschikosen Art unbeliebt. Zwei- bis dreimal pro Woche verletzte sie sich mit scharfen Gegenständen an den Armen (so genanntes Ritzen). Von Therapie hielt sie nichts, sie hatte in psychiatrischen Kliniken bei medikamentösen Behandlungen schlechte Erfahrungen gemacht.

Über eine Reihe von Gesprächen hatte die Beraterin eine tragfähige Beziehung zu Jaqueline aufbauen können. Die Beraterin war immer wieder davon beeindruckt, wie Jaqueline trotz ihrer problematischen und auch gefährlichen Vergangenheit so viel Energie aufbringen konnte, ihr Leben in eine andere Bahn zu lenken, und in der Schule sehr erfolgreich war. In den Beratungen sprach sie immer wieder über sich selbst als „einsteigende Aussteigerin". Jaqueline wollte von der Beraterin geduzt werden, sie fühlte sich zu jung für ein „Sie".

Ressourcen-Verankerung

Nachdem schon viele Gespräche stattgefunden hatten und Jaqueline grundsätzlich Vertrauen in ihre Beraterin gefasst hatte, entwickelte sich folgende Gesprächssituation:

Beraterin: „Jaqueline, welche Erlebnisse hattest du in der letzten Woche, die Gefühle von Freude, Glück, Zufriedenheit oder Stolz ausgelöst haben?"
Jaqueline: „Wie jetzt? In meinem Leben passiert doch nichts Gutes."
Beraterin: „Ja, das kann einem so vorkommen. Doch oft sind es ja die kleinen Dinge im Leben, die uns helfen, schwierige Zeiten zu überstehen."
Jaqueline: „Da haben Sie recht. In der letzten Woche habe ich einen Kartoffelsalat gemacht, der allen in der Gruppe gut geschmeckt hat. Meinen Sie sowas?"
Beraterin: „Ja, so etwas meine ich. War das jetzt ein Erlebnis mit Freude, Zufriedenheit oder Glück oder Stolz?"
Frau R.: „Ach eigentlich war ich da stolz auf mich."
Beraterin: „Wunderbar. Was fällt dir noch ein als gutes Ereignis?"
Jaqueline: „Ein Lehrer hat mich in der Schule gelobt."
Beraterin: „Warst du da auch stolz auf dich, oder war das ein Erlebnis mit Freude, Glück oder Zufriedenheit?"
Jaqueline: „Eher Freude."
Beraterin: „Okay. Da heben wir jetzt schon zwei Ereignisse: Kartoffelsalat und Stolz, Lob in der Schule und Freude. Was gab es noch, ich bin ja so eine Freundin von ‚alle guten Dinge sind drei'."

Jaqueline: „Ich weiß nicht, vielleicht dass ich vor zwei Tagen mal 'ne Runde Fahrrad gefahren bin?"
Beraterin: „Ja, auch das können wir nehmen. Warst du da glücklich, stolz, zufrieden oder froh?"
Jaqueline: „Froh nicht, glücklich auch nicht, vielleicht zufrieden, dass ich mich mal aufgerafft habe."
Beraterin: „Okay, dann haben wir jetzt Kartoffelsalat und Stolz, Lob und Freude, Fahrradfahren und Zufriedenheit. Das ist doch schon ,'ne ganze Menge für eine Woche! Weißt du, wir sind ja nicht nur hier, um über die angenehmen Seiten des Lebens zu sprechen, sondern auch über Schwieriges. Worüber sollen wir heute sprechen? Was möchtest du an dir verändern beziehungsweise was wollen andere an dir verändern?"

Die Fragen nach den positiven Erlebnissen, nach den Erfolgen in der letzten Woche und die Betonung von Freude, Zufriedenheit, Glück und Stolz schafften nicht nur eine positive Gesprächsatmosphäre und machten die Alarmreaktionen des Gehirns von Jaqueline überflüssig, sondern zeigten auch, dass die Beraterin zunächst nicht an den Traumata interessiert war. Sie reduzierte Jaqueline nicht auf ihre problematische Vergangenheit. Bei jemandem wie Jaqueline kann eine mächtige Versuchung entstehen, dem Auftrag der Wohngruppe zu folgen und durch Fragen nach den traumatischen Erlebnissen in einer Problemtrance zu versinken. Selbst wenn Jaqueline erzählen wollte, würde man eher ressourcen-orientierte Fragen stellen: Wie hast du das denn überlebt? Was hat dir geholfen, da lebend raus zu kommen? Wer hat dir geholfen? Welche persönliche Eigenschaft hat dir geholfen, da durch zu kommen? Auch hier: Aus der Trauma-Geschichte eine Überlebensgeschichte werden lassen!

Ritzen

Jaqueline: „Blöde Frage. Alle wollen, dass ich nicht mehr ritzen soll."
Beraterin: „Sollen wir darüber heute sprechen?"

Jaqueline: „Ich weiß nicht …"

Beraterin: „Oder hast du heute ein anderes Thema mitgebracht?"

Jaqueline: „Nö …. Na gut, reden wir über das Ritzen."

Beraterin: „Okay. Sag mal Jaqueline, wenn du über Nacht plötzlich nicht mehr ritzen würdest, welche Vorteile hätte das?"

Jaqueline: „Ich könnte Klamotten mit kurzen Ärmeln anziehen. Die Wunden sind zwar noch zu sehen, aber irgendwann nicht mehr."

Beraterin: „Okay, das wäre ein Vorteil. Gäbe es noch andere?"

Jaqueline: „Ich würde nicht mehr so viel Ärger mit den Erzieherinnen kriegen."

Beraterin: „Ja, ich verstehe. Gäbe es noch einen dritten Vorteil? Du weißt ja …"

Jaqueline: „Ja, ja. Alle guten Dinge sind drei." (Beide lachen.) „Aber mir fällt nichts mehr ein."

Beraterin: „Mir würde noch was einfallen, aber ich weiß nicht, ob das für dich ein Vorteil wäre."

Jaqueline: „Na, sagen Sie schon."

Beraterin: „Ich könnte mir vorstellen, dass du dir dann weniger Sorgen um deine Gesundheit machen müsstest. Es könnte sich ja auch mal eine deiner Wunden gefährlich entzünden. Wäre das ein Vorteil für dich?"

Jaqueline: „Neee, da hab' ich keine Angst vor. Aber jetzt ist mir was eingefallen: Das blöde Verbinden und die blöden Fragen, was ich denn da hätte, würden verschwinden."

Beraterin: „Gut, dann hättest du also drei Vorteile: erstens Kleidung mit kurzen Ärmeln, zweitens keinen Stress mehr mit den Erzieherinnen und drittens keine Verbände und keine blöden Fragen."

Jaqueline: „Aber eigentlich müssten die anderen Mädchen aus meiner Klasse und aus meiner Wohngruppe hier sein. Können Sie denen nicht mal sagen, dass die aufhören sollen, mich zu beleidigen, dann würde ich auch nicht ritzen. Die haben Schuld."

Beraterin: „Die sind ja nicht hier, sondern du."

Jaqueline: „Ja, großer Fehler."

Beraterin: „Habe ich das richtig verstanden, dass du dich ritzt, wenn die dich beleidigen?"

Jaqueline: „Ja."

Beraterin: „Dann bist du ja so vorhersehbar, wie ein Hampelmann. Die ziehen am Faden und du ritzt. Wenn die wollen, dass du ritzt, müssen die nur ein paar beleidigende Worte sagen. Die haben dich ja richtig in der Hand. Wer bestimmt? du oder die?“

Jaqueline: „Natürlich bestimme ich, was ich tue.“

Beraterin: „Hör zu Jaqueline, ich glaube, du bist eine ziemlich kluge junge Frau. Ich finde auch, du solltest selbst entscheiden, was du tust. Und ich glaube, die wären ziemlich überrascht, wenn sie dich beleidigen und du würdest dich nicht ritzen. Dann wüssten sie, dass du nicht mehr an ihrem Faden hängst.“

Jaqueline: „Echt?“

Die Beraterin war nicht der Ansicht, dass Jaqueline sich ritzt, weil sie von anderen Mädchen in beleidigender Art angesprochen wurde, wie im nächsten Abschnitt deutlich wird. Trotzdem ging sie auf Jaquelines Argumentation ein. Bevor Jaqueline davon überzeugt war, dass sie es selbst in der Hand hat, ob sie sich ritzt oder nicht, war ein Gespräch über Veränderungsmöglichkeiten wenig sinnvoll. Es gibt viele traumatisierte Jugendliche, die die Ursache für ihre aggressiven oder selbstverletzenden Affektdurchbrüche in der Gegenwart bei anderen suchen. „Wenn der so guckt, will er mich gleich beleidigen, da haue ich ihm besser schon mal eine rein.“ „Ich bräuchte ja nicht zuschlagen, wenn die mich nicht bedrohen würden.“ „Wenn ich nicht zuschlage, haben die ja keinen Respekt.“ „Ich ritze mich ja nur, weil sich die anderen so mies verhalten.“ Wer ein Leben in Alarmbereitschaft lebt, hat ein schmales Fenster der Toleranz und hat sich daran gewöhnt, schon bei leichtem Stress in Über- beziehungsweise Untererregung zu geraten.

Der gute Grund im Dort und Damals

Beraterin: „Jaqueline, ich habe mir seit dem letzten Mal, als du hier warst, ein paar Gedanken über dich gemacht.“

Jaqueline: (erstaunt) „Was denn für welche, wie blöd ich doch bin?“

Beraterin: „Nein. Das bestimmt nicht. Ich habe mir überlegt, welchen guten Grund dein Ritzen wohl hat. Ich bin zu dem Ergebnis gekommen, dass dieser gute Grund in der Vergangenheit liegt. Ich glaube, dass früher irgendwann einmal andere Menschen dir so weh getan haben und deine persönlichen Grenzen so sehr überschritten haben, dass, wenn du heute daran erinnerst wirst, ganz schreckliche Gefühle auftauchen. Vielleicht tauchen auch überhaupt keine Gefühle auf und du spürst dich überhaupt nicht mehr. Beides ist so unerträglich, dass du unbedingt was tun musst, um diese Gefühle oder Nicht-Gefühle wieder loszuwerden. Und dann schneidest du dich und spürst dich wieder im Hier und Jetzt. Kommt dir davon irgendetwas bekannt vor?"

Jaqueline: „Ja, dieses Nicht-Spüren. Aber über meine Vergangenheit rede ich jetzt nicht!"

Beraterin: „Das müssen wir jetzt auch nicht. Es kommt dir also bekannt vor, dass Gefühle aus der Vergangenheit dich manchmal so im Griff haben, dass du unbedingt etwas tun musst, um dich wieder zu spüren?"

Jaqueline: „Ja."

Beraterin: „Dann könntest du jetzt entscheiden, ob du bereit bist, etwas Neues zu lernen, was Du tun kannst, wenn dieses Nicht-Spüren wieder so unerträglich stark wird."

Jaqueline: „Keine Ahnung, was ich dann tun kann."

Beraterin: „Erstmal nur die Frage, ob du was Neues lernen möchtest."

Jaqueline: „Wenn es funktioniert."

Beraterin: „Ich mach dir einen Vorschlag: ich zeig dir was und du probierst aus, ob es für dich funktioniert."

Jaqueline: „Na gut."

Beraterin: „Dazu muss ich von dir wissen, ob du weißt, wie ein Vulkan funktioniert."

Jaqueline: „Da wird ja der Hund in der Pfanne verrückt. Wie ein Vulkan funktioniert? Da kommt plötzlich Feuer und Rauch und Lava raus. Da explodiert doch grad einer in Hawaii, Kilauea heißt der, hab' ich in der BILD gelesen."

Beraterin: „Boah, bist du clever. Genau so funktionieren Vulkane. Bevor die ausbrechen, gibt es so ein Grummeln in der Erde, als ob sich die Energie da sammelt. Und ich denke, dass es bei den Menschen auch so ein Grummeln gibt, bevor ihre Vulkane ausbrechen. Gibt es bei dir im Körper irgendwo eine Art Grummeln, bevor dein Schneide-Vulkan ausbricht?"

Jaqueline: „Keine Ahnung."

Beraterin: „Möchtest du wissen, was andere Menschen dazu gesagt haben?"

Jaqueline: „Hmm."

Beraterin: „Manche sagen, sie hätten dann so ein merkwürdiges Gefühl im Bauch, so ein Kribbeln oder so ein Drücken, aber unangenehm. Andere sagen, ihr Herz würde dann so ganz heftig klopfen und es sei, als bekämen sie plötzlich keine Luft, als ob der Hals zugeschnürt sei. Und wiederum andere spüren so eine angespannte Muskulatur in der Schulter, im Nacken oder in den Armen und Händen. Kommt Dir davon was bekannt vor?"

Ich glaube, dass die Annahme stimmt, dass beim Vorgang des Angetriggertseins zu allererst der Körper reagiert (Hüther et al. 2012) und dass er zuverlässig Signale aussendet: Im Bauch ist die Nebennierenrinde daran beteiligt, Adrenalin zu produzieren, ein bedeutendes Stresshormon; im Brustkorb pumpt das Herz mit kräftigen Herzschlägen erneut Sauerstoff in Arme und Beine; jede Emotion hat eine Atemschema und das Atemschema von Angst und Schrecken ist der Atemstillstand; der Muskeltonus von Angst und Schrecken zeigt eine Anspannung im Arm-, Nacken- und Schulterbereich. Menschen, die nicht auf ihren Körper achten, infolgedessen nichts von diesen Reaktionen spüren, können zunächst die Aufgabe bekommen, in den nächsten Tagen ihre persönlichen ersten Stressanzeichen herauszufinden.

Übrigens: Merken Sie, wie die Beraterin in jeder Phase der Beratung Jaqueline entscheiden ließ? Die Beraterin wusste, welche Interventionen in welcher Reihenfolge angewandt werden, richtete sich aber nach dem Tempo von Jaqueline. In der Traumaberatung folgen wir den Klienten, aber einen Schritt voraus.

Jaqueline: „Ich glaube, ich hab' ein merkwürdiges Gefühl im Bauch, bevor ich dann gar nichts mehr spüre und mich dann ritzen muss."
Beraterin: „Aha. Denkst du, du kannst noch was anderes machen, als zu verschwinden und dann zu ritzen, wenn du dieses Gefühl im Bauch spürst?"
Jaqueline: „Weiß ich nicht."
Beraterin: „Ich habe da eine Idee, aber ich warne dich, die ist echt merkwürdig." (Geht zum Schreibtisch und holt einen Igelball aus einer Schublade.) „Kennst du so einen Igelball?"
Jaqueline: „Ja, hab' ich schon mal bei einer Massage gesehen."
Beraterin: „Nimm ihn mal in eine Hand und quetsche ihn ganz kräftig."
Jaqueline: „Autsch, das tut ja weh. Und da hat man gleich solche Druckstellen in der Hand."
Beraterin: „Ein wenig weh tun soll er auch. Quetsch ihn bitte einen Moment weiter. Kannst du dabei dösen?"
Jaqueline: „Nee, geht nicht."
Beraterin: „Das beweist, dass du in der Gegenwart bleibst, wenn du diesen Ball kräftig drückst. Für den Fall, dass du dich nicht ritzen willst, welcher Satz passt dazu, wenn du anstelle dessen den Igelball drückst?"
Jaqueline: „Vielleicht: Jetzt nicht."
Beraterin: „Hört sich gut an. Ich überlasse dir den Igelball für eine Woche. Wenn wir uns dann nächste Woche wiedersehen, bin ich ganz gespannt, wie oft du den Igelball benutzt hast, wenn du sonst geritzt hättest und ob es erfolgreich war. Auf Wiedersehen, Jaqueline. Danke für dieses Gespräch."
Jaqueline: „Ja, tschüß und danke für den Igelball."

Dissoziations-Stopps

Für einen Dissoziations-Stopp eignen sich unterschiedliche Hilfsmittel. Aus meiner Sicht ist das einfache Anbieten von Alternativen nicht wirkungsvoll. So ein einfaches Anbieten würde sich folgendermaßen anhören: „Lass doch mal das Ritzen, nimm mal lieber den Igelball, wenn es wieder soweit ist." Hier würde unklar bleiben, ob überhaupt jemand sein Verhalten ändern will, dass der Grund für das Verhalten in der Vergangenheit liegt und in der Gegenwart angetriggert wird, und welche ersten Anzeichen für das zu verändernde Verhaltensmuster wahrgenommen werden. Die in diesem dargestellten Beispiel angewandten Schritte entsprechen auch Konzepten von Margarete Blaustein und Kristine Kinnibourgh (2010), die im Trauma Center von Brookline, Massachusetts, mit traumatisierten Kindern und Jugendlichen arbeiten. Sie betonen, dass Bindung, Selbstregulation und Kompetenz die entscheidenden Faktoren für posttraumatische Genesung sind. Dissoziationsstopps führen bei Klienten zu Selbstregulation und Kompetenz.

Aus der Literatur, vor allem aus der Dialektisch Behavioralen Therapie (DBT) nach Marsha Linehan (1996) sind eine Reihe von Dissoziations-Stopps bekannt, die von bekannten Traumaspezialisten (u.a. Reddemann 2016, Sack et al. 2013, Sack 2010) ergänzt wurden. Sie sprechen unterschiedliche Sinne an und dienen dazu, dass die Betroffenen in ihrer Wahrnehmung im Hier und Jetzt bleiben und nicht mehr durch die Monster der Vergangenheit angetriggert werden können (oder mindestens nicht mehr so intensiv).

Haut (taktil): u.a. Igelball oder spitzer Stein in der Hand, Kieselstein im Schuh, gedehntes und zurückschnellendes Gummiband am Handgelenk, Eiswürfel in der Achselhöhle, Zehn-Finger-Druck-Technik.
Geschmack (gustatorisch): u.a. Chillischote, Löwensenf, Meerrettich, Wasabi (japanischer Meerrettich), Sambal Olek (Chillipaste), Center-Shock Kaugummi.
Geruch (olfaktorisch): u.a. Ammoniak, Bremsflüssigkeit, aber auch angenehme Gerüche, z.B. Rosenöl.

Alle Dissoziationsstopps dürfen nur im Notfall angewendet werden. Sie sind dann völlig unwirksam, wenn sie gewohnheitsmäßig und gerne eingesetzt werden. Wer ohnehin gern scharf isst, sollte vielleicht taktile Dissoziationsstopps nutzen, wer hingegen nach außen aggressiv wird, sollte keinen Igelball und keine spitzen Steine empfohlen bekommen (Wurfgefahr!).

Die Schritte der oben ausführlich dargestellten Intervention zur Affektregulierung sind:

1. Ressourcen-Verankerung (positive Erlebnisse)
2. Auswahl des zu verändernden Verhaltensmusters
3. Vorteile einer Veränderung (Eigenmotivation, Fremdmotivation)
4. Ein guter Grund im Dort und Damals (ohne Exploration der Vergangenheit)
5. Entscheidung zur Veränderung
6. Körpersignale finden (Vulkan)
7. Alternative finden (Dissoziations-Stopp)
8. Ermächtigung (Freiheit, es anzuwenden oder nicht).

Der ängstliche Igel und die wütende Anna: Trauma-Erzählgeschichten für Kinder

Kinder, die in gefährlichen Familienverhältnissen aufwachsen, benötigen zu allererst eine äußere Sicherheit. Der Gesetzgeber verlangt nicht nur eine gewaltfreie Erziehung von Kindern, sondern fordert die staatlichen Institutionen dazu auf, das Wohl des Kindes sicherzustellen. Alle primären Interventionen zielen daher darauf ab, schweren körperlichen oder emotionalen Missbrauch zu beenden. In der Regel handelt es sich um körperliche Misshandlung, sexuelle Gewalt, wiederholte extreme Vernachlässigung und emotionale Gewalt. Die Formen emotionaler Gewalt sind in ihren Auswirkungen erst spät in das Interesse des Kinderschutzes gelangt (Vachon et al. 2015).

Ist die äußere Sicherheit erreicht, benötigen Kinder Sicherheit bietende Bezugspersonen, die ihnen verlässlich zur Seite stehen und die ihnen dabei helfen, zu verstehen, dass es Menschen gibt, die es gut mit ihnen meinen und ihnen keine Form von Gewalt antun. So können entwicklungstraumatisierte Kinder wieder Vertrauen in Erwachsene und in sich selbst entwickeln. Was durch

Menschen angerichtet wurde, kann nur durch Menschen zu einer Genesung geführt werden.

Ich bin davon überzeugt, dass bei einer Vielzahl von Eltern, die auch schon kleinste Kinder traumatisieren, eine Vielfalt schwieriger und belastender Lebenserfahrungen – lebensgeschichtlich und aktuell – zu einer Überforderung beitragen. Ulrike Loch forschte zum Thema Kinderschutz und stellte fest:

> „Die Eltern der Kinder leiden unter Traumata, die vorwiegend auf die im Kontext der Familie erlittene Gewalt und Vernachlässigung und/oder auf Beziehungstraumata wie Verlust von Angehörigen zurückgehen. Neben den psychischen Erkrankungen der Eltern (und oftmals auch anderer Familienmitglieder) zeigen die Herkunftsfamilien Probleme wie Suizidalität, erhöhten Alkoholkonsum, häusliche Gewalt und/oder Arbeitslosigkeit, die zeitlich zum Teil Jahre zurückliegen und die dennoch für die Familie gegenwärtig sind." (Loch 2014, S. 282)

Stabilisierung mit Kindern

Nachdem die äußere Sicherheit erreicht ist, profitieren viele traumatisierte Kinder von speziell für sie entwickelte Stabilisierungsinterventionen. Aus der Arbeit mit Erwachsenen kennen wir die Imaginationsübungen, die ein Gleichgewicht zu den schlimmen Bildern der erlittenen Traumata zur Verfügung stellen. Für Kinder – und hier meine ich das Alter von 6 bis 12 Jahren – sind diese Übungen in einer praktischen und anschaulichen Form günstiger. So kann zum Beispiel aus einem Karton oder einem Holzkasten ein Tresor bzw. ein Schließfach mit einem sehr dünnen Schlitz gebastelt werden. Angsteinflößende Bilder aus Alpträumen oder Flashbacks können dann von den Kindern gezeichnet werden und in diesen Kasten gepackt werden. So werden die Bilder externalisiert und in der Vorstellung so untergebracht, dass sie nicht mehr ängstigen können. Parallel kann auch ein Schatzkästlein gebastelt werden, in welchem Erinnerungen an tolle Situationen aufbewahrt werden. Positive Erlebnisse können gezeichnet und auf diese Weise immer wieder zu Hause vergegenwärtigt werden. Die bekannte Übung „innerer sicherer Ort“ kann von dem Kind gezeichnet und irgendwo aufgehängt werden, wo es die Zeichnung immer wieder sehen kann, wenn es will.

Eine besonders intensive Stabilisierung besteht darin, die Umrisse eines Kindes in Lebensgröße auf ein großes Blatt Papier zu zeichnen. Ein Stück einer Tapetenrolle eignet sich hervorragend dazu. Im zweiten Schritt wird das Kind gefragt, was denn die einzelnen Körperteile können. Zum Beispiel: Was können die Füße? Was können die Beine? Was können die Knie? Alle Eigenschaften werden neben die entsprechenden Körperteile geschrieben (Fuß: gehen, den Boden spüren, mit den Zehen greifen usw.). Rund um den Kopf stehen natürlich besonders viele positive Eigenschaften auf dem Papier, da dort mit den Sinneswahrnehmungen und dem Gehirn eine enorme Vielfalt von Ressourcen vorhanden ist. Auch dieses Bild kann mit nach Hause genommen werden.

Bei kleinen Kindern, die noch nicht so gut zeichnen können, helfen auch Fotografien. Ein 6-jähriges Mädchen brachte ein Foto von sich zusammen mit den Pflegeeltern mit, welches sie liebevoll betrachtete. Ich bat sie, dieses Foto zu jedem Gespräch mitzubringen, obwohl die Pflegemutter immer persönlich anwesend war.

Sich selbst zusammen mit den Sicherheit bietenden Personen auf einem Foto zu betrachten, vertieft nach meiner Erfahrung das Gefühl von Geborgenheit, das durch die Anwesenheit dieser Personen ebenfalls angeregt wird. Wann immer es möglich war, arbeitete ich mit den Kindern in Anwesenheit ihrer Eltern oder Pflegeeltern. Die Tatsache, dass die besten Stabilisierungsübungen weniger wirksam sind, als die Erwachsenen, die tagtäglich für das Wohlergehen der Kindern sorgen, darf nicht in Vergessenheit geraten.

Entgiftung durch Geschichten

Für die betroffenen Kinder ist es nach einer Stabilisierungsphase hilfreich, wenn die traumatischen Erinnerungen „entgiftet" werden können. Eine solche „Entgiftung" geschieht dadurch, dass das Erfahrene in einer Erzählung benannt wird und dadurch in den kortikalen Bereichen des kindlichen Gehirns abgespeichert wird und somit „vergangenheitsfähig" wird. Es sind unterschiedliche Verfahren der Trauma-Exposition für Kinder entwickelt worden, in denen die Vergangenheit des Kindes narrativ vergegenwärtigt wird und verarbeitet werden kann. Diese sogenannten Trauma-Erzählgeschichten können durch Darstellungen mit Figuren (Lovett 2000, Weinberg 2005) oder durch Sandspiel (Brächter 2010) veranschaulicht oder ergänzt werden. Diese Geschichten sollten Elemente des schrecklichen Geschehens beinhalten, auch eine Lösung durch Kompetenzzuwachs der jeweiligen Protagonisten und ein positives Ende zeigen. Eine deutliche Verfremdung soll es dem Kind einfach machen, sich von dem Schrecklichen zu distanzieren, oder einfach nur einer Geschichte zuzuhören. Gleichzeitig findet trotz Verfremdung häufig eine Identifikation mit der Titelfigur statt.

Der ängstliche Igel

Der 5-jährige Leon lebte seit zwei Jahren in einer Pflegefamilie, inzwischen ohne Option, in die Herkunftsfamilie zurückzukehren. Er hatte in seiner Herkunftsfamilie häufig erlebt, wie die Mutter vom Vater geschlagen wurde. Als die Mutter nach einer dieser Prügelattacken für mehrere Tage in einem Krankenhaus behandelt werden musste und der Vater in Untersuchungshaft kam, entschied eine Mitarbeiterin des Jugendamtes eine Unterbringung in einer Bereitschaftspflegestelle. Schon nach einigen Wochen konnte für Leon eine Dauerpflegestelle gefunden werden, während die Mutter sich vom Vater getrennt hatte und mit der Inpflegegabe einverstanden war. Leon sah alle zwei Wochen seine Mutter und fühlte sich ansonsten in der Pflegefamilie recht wohl. Er fiel jedoch dadurch auf, dass er sich häufig ängstlich in einer Ecke – am liebsten unter einem Tisch – verkroch, wenn aus irgendeinem Grund jemand in der Familie laut wurde: Die Pflegemutter rief ihre leiblichen Söhne zum Essen, der Pflegevater sprach am Telefon mit seiner schwerhörigen Mutter, einer der Söhne rief laut etwas vom oberen Stockwerk des Hauses nach unten. Auch im Kindergarten reagierte Leon ängstlich, wenn es laut wurde, verkroch sich und begann heftig zu zittern. Manchmal wachte er in der Nacht zitternd auf, schrie und war kaum zu beruhigen.

Nachdem mir die Pflegemutter Leons Geschichte geschildert hatte und von seinen Symptomen berichtet hatte, bat ich sie, das nächste Mal den Jungen mitzubringen. Ich fragte ihn dann kurz nach seinem Kindergarten, ob er Freunde habe und was er mit ihnen spielen würde, wenn er jetzt nicht hier bei mir wäre. Dann gab ich bekannt, dass ich jetzt eine Geschichte erzählen würde und der Junge gut zuhören möge. Leon saß im Arm seiner Pflegemutter und spitzte die Ohren.

„Leon, ich möchte dir eine Geschichte erzählen, eine Igel-Geschichte. Es war einmal ein kleiner Igel. Als er geboren wurde, freuten sich seine Igel-Eltern sehr, denn er war ein niedlicher kleiner Igel-Junge, der gesund und munter war und den alle mochten, besonders die Igel-Eltern. Oft spielten sie im Wald miteinander und hatten viel Spaß. Die Eltern liebten den kleinen Igel und er liebte seine Eltern."

Der Anfang der Geschichte kennzeichnet die prätraumatische Zeit. Hier wird eine Basisressource eingeführt und bei innerfamiliären Traumata sollen (manchmal minimale) positive Anteile der Eltern zur Sprache kommen, sowie positive Anteile des Protagonisten. Das Kind wird dadurch in einer positiven Identität gestärkt.

„Als der kleine Igel größer wurde und richtig sehen, hören und riechen konnte, merkte er, dass seine beiden Igel-Eltern oft Streit hatten. Sie schrien dann laut herum und hörten gar nicht wieder auf.

Das machte den kleinen Igel ängstlich und traurig. Die sollten doch damit aufhören, dachte er. Aber das taten sie nicht. Es kam immer öfter vor, dass sie ihre Igel-Stacheln aufstellten, sodass es richtig gefährlich wurde, wenn sie sich zu nahekamen. Der kleine Igel bekam noch größere Angst, dass sie sich sogar gegenseitig verletzen könnten. Er dachte: Hoffentlich wird keiner verletzt. Eines Tages geschah es wirklich. Da stach der eine Igel den anderen mit seinen Stacheln so stark, dass es sogar richtig blutete. Das war das Schlimmste für den kleinen Igel. Er wusste nicht, wer sich jetzt um ihn kümmern würde. Gottseidank gab es noch andere Tiere im Wald. Und so nahm eine Kaninchen-Familie den kleinen Igel auf und baute ihm ein wunderbares Nest, in dem der kleine Igel schlafen konnte.“

Im zweiten Teil sollen die Ereignisse, die zu einem Trauma führten und auch das Trauma selbst zusammen mit emotionalen und sensorischen Details geschildert werden. Hier werden die für die Protagonisten existenziell bedrohlichen Situationen berichtet, möglicherweise mit auftauchenden negativen Gedanken und Gefühlen, mit Anblicken, Geräuschen, Geschmäckern, die das Kind zu dieser Zeit erlebt hat oder erlebt haben könnte. Und dann ist es notwendig, dass ein Rettungs-Szenario in der Geschichte entsteht. Das bedeutet aber auch, dass bei fortgesetzter Gefährdung des Kindes oder seiner Bezugspersonen keine Trauma-Erzählgeschichte hilfreich ist. Dann hat wieder die Sorge um äußere Sicherheit in der realen Welt Priorität.

„Dem kleinen Igel ging es richtig gut in der Kaninchen-Familie. Er wuchs heran, lernte alles, was man im Wald so lernen muss und lebte ein sicheres Leben. Aber manchmal hörte er laute Geräusche, zum Beispiel wenn die jungen Kaninchen ausgelassen spielten. Dann bekam der kleine Igel große Angst und er verkroch sich hinter einem Baum. Er wusste, dass die kleinen Kaninchen ihm nichts tun würden, doch er sah dann immer wieder seine streitenden Eltern vor sich.

Eines Tages, als er wieder einmal Angst bekam, biss er ganz fest in eine Mohrrübe, keine Ahnung, wieso ihm das plötzlich einfiel. Und da sind ganz schnell die schlimmen Bilder verschwunden, und der kleine Igel wusste, dass die lauten Geräusche ihm nichts mehr ausmachen konnten, weil es ja nur die kleinen Kaninchen waren.

Das nächste Mal brauchte der kleine Igel nicht mal mehr eine Mohrrübe dazu. Er hatte überhaupt keine Angst mehr von lauten Geräuschen. Manchmal besuchte die Igel-Mutter den kleinen Igel, aber auch dann hatte er keine Angst mehr. Er wusste, dass die schlimme Zeit vorbei war. So lebte der kleine Igel mit der Kaninchen-Familie zusammen und wurde ein großer Igel, den alle gernhatten. Die Kaninchen-Familie freute sich, dass sie einen so starken Igel mit Stacheln zum Freund hatten. Er benutzte sie natürlich nur, wenn die Kaninchen beschützt werden mussten. Und so geht die Igel-Geschichte zu Ende."

In der letzten Phase der Trauma-Erzähl-Geschichte erwirbt der Protagonist neue Kompetenzen und befindet sich weiterhin in Sicherheit. Das Ende der Geschichte beschreibt die Auflösung des Traumas, bietet konstruktive Lösungen und enthält positive Überzeugungen, von denen man möchte, dass das Kind sie sich zu eigen macht. Es soll dem Zuhörer Spaß machen, das Ende der Geschichte und eine positive Meinung über den Hauptdarsteller zu erfahren. Leon erzählte später seiner Pflegemutter, dass er auch manchmal Angst hätte. Aber das sei ja nicht mehr nötig, denn wie bei dem Igel sei die schlimme Zeit ja jetzt vorbei.

Die wütende Anna

Die 6-jährige Jessica fragte ihre Pflegemutter, ob sie denn in deren Bauch gewesen sei. Die Pflegemutter verneinte und berichtete – wie schon oft – dass das Mädchen ja eine Mutter habe, die sie geboren hat und eine zweite Mutter, sie selbst, die sich jetzt um das Mädchen kümmere, da die erste Mutter sehr krank sei. (Die Mutter war psychiatrisch erkrankt, lebte in einer anderen Stadt, es bestand kein Kontakt.) Nach diesem Gespräch wurde Jessica sehr wütend, biss, trat und schlug die Pflegemutter und beschimpfte und bespuckte sie. Beim Abfragen von anamnestischen Daten stellte sich heraus, dass dieses Mädchen zunächst bei der Mutter gelebt hatte, dann für ein Jahr in einer Bereitschaftspflege, ein Jahr lang in einer anderen Pflegefamilie, dann in einem Kinderheim und schließlich ab dem 4. Lebensjahr in der jetzigen Pflegefamilie. Bei unserer ersten Begegnung erzählte Jessica, dass sie gerade ihren 6. Geburtstag gefeiert hat. Ich zeichnete Geburtstagskerzen auf den unteren Rand eines Zeichenblockes. Jessica guckte sehr interessiert zu und wurde in die Zeichnung einbezogen, indem ich sie bat, jeweils die Anzahl der Kerzen darunter zu schreiben (1, 2, 3, 4, 5, 6).

Dann begann ich zu erzählen: „Jessica, ich möchte dir die Geschichte von Anna erzählen. Anna war ein kleines Mädchen, das hatte genauso blonde Haare wie du.“ Jessica lächelte und schüttelte ihre hellblonden Haare. „Als Anna geboren wurde, freuten sich die Eltern sehr und nahmen sich vor, die besten Eltern der Welt für Anna zu sein. Aber leider haben sie das nicht geschafft. Die Eltern stritten sich sehr oft. Irgendwann hatte die Mama von der Anna große Angst vor dem Papa und zog mit Anna in eine eigene Wohnung. Aber leider wurde es für Anna dort nicht besser, weil die Mama sie nicht gut versorgt hat, sie hat manchmal sogar vergessen, Anna etwas zu essen zu geben …“

Während ich in der Geschichte von Anna von den einzelnen Lebensstationen berichtete, zeichnete ich auf dem Zeichenblock über den Kerzen (und Zahlen) Anna und die Eltern, Anna und die Mutter, Anna in einer Bereitschaftspflege usw. als Strichmännchen. Schließlich kam Anna in der Erzählung in ihrer Dauerpflege an.

„… und Anna wurde älter und älter und älter und lebte immer noch in dieser Familie. Manchmal gab es zwischen Anna und der Mutter in dieser Familie einen Riesenstreit, Anna wurde unheimlich wütend, und beide wussten eigentlich nicht, warum. Ganz im Geheimen

wusste Anna das aber. Sie wollte herausfinden, ob sie wirklich dortbleiben konnte, auch wenn sie sich ganz grässlich benehmen würde." Jessica lächelte und guckte rüber zu ihren Pflegeeltern. „Da sagte die Mama: Eigentlich gibt es ja in jeder Familie mal Krach." Peinlich berührt guckte Jessica auf die Seite des Sesselsitzes. „Da wird mal geschimpft und da ist mal jemand ärgerlich. Aber Anna, egal, was du machst, du wirst bei uns bleiben. Wir haben dich lieb und wollen dich immer behalten. Als Anna das hörte, freute sie sich sehr." Jessica strahlte über das ganze Gesicht. „So gab es immer mal wieder Streit in dieser Familie aber Anna konnte tatsächlich dortbleiben. Damit ist die Geschichte von Anna zu Ende. Guck, Jessica, hier habe ich die vielen Bilder gezeichnet aus Annas Leben. Jetzt zeichne bitte auf den Block, den ich dir gleich gebe, deine Familie."

Jessica zeichnete. Sie zeichnete ihre beiden Pflege-Geschwister, ihre Pflegeeltern und sich selbst in die Mitte. Die gezeichnete Jessica hatte die gleiche Kleidung an, wie die gezeichnete Pflegemutter, in den Farben des gezeichneten Pflegevaters. Nach diesem Gespräch, so berichteten die Pflegeeltern später, verhielt sich Jessica wieder so wie früher, die Wutanfälle hatten ein Ende. Es scheint, als hätte ich auch hier in der Geschichte das wesentliche Lebensthema von Jessica aufgegriffen. Wo komme ich her und wo gehöre ich hin? Annas Geschichte hat ihr eine Identität gegeben und sie darin bestätigt, dass sie voll und ganz zu ihrer Pflegefamilie gehört. Im Vergleich zur ersten Geschichte hatte ich hier auch die Symptomatik eingebaut.

Die Trauma-Erzähl-Geschichte eignet sich für Kinder ungefähr bis zum 12. Lebensjahr. Manchmal habe ich bei Schulkindern nicht ein Tier als Protagonisten ausgewählt, sondern ein Kind mit einem völlig anderen Namen, aber mit demselben Geschlecht, wie bei Jessica. Ein 11-Jähriger sagte mir auf den Kopf zu: „Das ist ja meine Geschichte." Ich erwiderte: „Das ist ja interessant, dass deine Geschichte so ähnlich ist. Willst du trotzdem die Geschichte dieses Kindes zu Ende hören?" Ja, er war interessiert.

Joan Lovett schreibt: „Eine ‚gelungene' Geschichte ist eine, die dem Kind gefällt und die außerdem die Auflösung der überwältigenden, schwer zu verstehenden Probleme ermöglicht, mit denen es durch das Trauma konfrontiert worden ist. Außerdem vermittelt eine solche Geschichte dem Kind seiner Entwicklungsstufe entsprechende Überzeugungen, die ihm helfen werden, sein Schicksal in seine eigenen Hände zu nehmen" (Lovett 2000, S. 276).

Wesentliche Aspekte einer Trauma-Erzähl-Geschichte

- Sprache: einfach, kindzentriert.
- Dauer: so lang wie eine normale Gute-Nacht-Geschichte.
- Protagonist verfremdet: Tier oder Kind mit anderem Namen.
- Normalisierung: etwas, was einem Kind passieren kann.
- Lösungen: Möglichkeiten des Umgangs mit solchen Ereignissen.
- Struktur: eine Geschichte mit Anfang, Mitte und Ende.

Flüchtlinge: Bevor ein „post" erreicht ist

In den letzten fünfzehn Jahren ist ein kontinuierlicher Zuwachs an weltweiten Migrationsbewegungen zu verzeichnen. Nach Angaben der Vereinten Nationen waren 2015 244 Millionen Migranten registriert, 2000 waren es noch 173 Millionen (United Nations 2016). Migranten und Flüchtlinge, die aus unterschiedlichen Herkunftsländern und Kulturen nach Deutschland gelangen, sind Überlebende von Kriegen, ethnischen Konflikten, politischer Verfolgung und ökonomischen Katastrophen. Sie erhoffen sich eine bessere Gegenwart und Zukunft. Die Bedingungen für Migranten sind oft voller Belastungen, besonders für Asylsuchende und Flüchtlinge, bei denen die Kombination von Stress vor und während der Flucht und Stress im Gastland besonders problematische und komplexe Konsequenzen für Eltern und Kinder haben kann. Nach Berichten zeigt z. B. jedes fünfte Flüchtlingskind aus Syrien Symptome einer

Posttraumatischen Belastungsstörung[2]. 2018 hat der wissenschaftliche Dienst der AOK ermittelt, dass drei von vier Flüchtlingen aus Syrien, Afghanistan und dem Irak durch traumatische Gewalterfahrungen schwer belastet sind.[3]

Zwischen zwei Kulturen

Unter Kultur kann man ein System von gemeinschaftlich akzeptierten Grundannahmen, Werten, Gebräuchen, Verhaltensweisen und Gegenständen verstehen, mit denen die Mitglieder einer Gesellschaft miteinander und mit der Welt sinnhaft umgehen und die von einer Generation zur nächsten weitergegeben werden. Die jeweilige Kultur beinhaltet Regeln über den Ausdruck von Gefühlen, setzt Grenzen und zeigt auf, mit welchen Strategien mit Emotionen umgegangen werden soll. Nach einer Migration sind diese Regeln für das Verständnis der Welt und für die Gestaltung von Beziehungen nicht mehr dieselben, es geschehen ein Identitätswechsel und eine Veränderung der Weitergabe von kulturellen Werten der Eltern gegenüber den Kindern.

Durch ihre Kinder haben Migranteneltern verstärkt Kontakt zu der neuen Kultur und ihren neuen Erfordernissen. Sie sehen sich dann einer bedeutenden Herausforderung gegenüber: als Eltern neue Werte und Erziehungsmethoden zu übernehmen und gleichzeitig in der eigenen Kultur verwurzelt sein. So kann z. B. das Leben in einer überwiegend individuumsorientierten Gesellschaft Konflikte mit sich bringen, wenn man aus einer Gesellschaft mit überwiegend kollektiven Werten stammt. Mit Eltern zusammenzuleben, die sich in einem Spannungsfeld zwischen unterschiedlichen Kulturen befinden, kann für die Kinder und Jugendlichen neben schon vorhandenem posttraumatischem Stress zu zusätzlichem Stress führen. Die Kinder müssen eine kulturelle Struktur aufbauen, die eine Spaltung beinhaltet: einerseits bezogen auf die

2 Der Spiegel vom 1. September 2015
3 Berliner Tagesspiegel vom 30. Oktober 2018

Kultur der Eltern (oft die Kultur der Gefühle) und andererseits bezogen auf die Kultur der Außenwelt (oft die Kultur der Rationalität und der Alltagserfahrung). Als Konsequenz davon können sich die Kinder sowohl in der eigenen Familie, als auch in der neuen Kultur fremd fühlen. Sie leben mit zwei unterschiedlichen Codes, als deren Sprecher und Übersetzer sie sich zugleich üben müssen.

Unterschiedliche Vorstellungen von Gesundheit und Krankheit können bei Menschen aus anderen Kulturen zu Schwierigkeiten im Beratungsprozess führen. Häufig wird über körperliche Schmerzen geklagt, wenn z. B. Konzepte von seelischen Schmerzen nicht Teil der Kultur sind. Bekannt ist auch, dass erlittene körperliche Erniedrigungen bei Frauen, wie z. B. Vergewaltigungen, verheimlicht werden müssen, um nicht aus der Familie und der Gemeinschaft ausgeschlossen zu werden. Die Verlagerung auf körperliche Schmerzen kann dazu verhelfen, Selbstachtung zu erhalten und Hilfe von medizinischer Seite zu suchen. In vielen Kulturen gilt Vermeiden und Verdrängen von belastenden Ereignissen als gute Bewältigung. Ziel ist, „das Gesicht nicht zu verlieren". In kollektivistischen Gesellschaften hat oft die soziale Harmonie die höchste Priorität. Wenn in diesem Sinne eine kultursensible Beratung eingefordert wird (Kizilhan 2018), die Traumaexposition nicht in den Vordergrund stellt, bieten sich stabilisierende Interventionen an, die ein funktionales Leben im Hier und Jetzt zum Ziel hat.

Migration und Trauma

Erlebnisse von Eltern, jungen Erwachsenen, Kindern und Jugendlichen, die ihre Heimat gezwungenermaßen verlassen haben, können traumatisierendes Potenzial haben: Erleiden, Miterleben oder aktive Mitwirkung an Gewalttaten, Verlust von einem Elternteil oder beider Eltern, Unterernährung und mangelnde medizinische Versorgung. Nach Hans Keilson (1979) sind solche Traumata sequenziell, das heißt, sie haben keinen definierten Beginn und kein kalkulierbares Ende. Auch die Flucht beinhaltet oft eine andauernde Situation von Hunger, Angst und Lebensgefahr. Das Gefühl von Hilflosigkeit und Ausgeliefertsein dauert im Exil an. Neben den Lebensbedingungen in Lager- oder Ghettosituationen, die ebenfalls mit Gewalt einhergehen können, tragen Erlebnisse von Misstrauen und Ablehnung, retraumatisierende verhörähnliche Situationen und die Gefahr der Abschiebung dazu bei, dass weder äußere Sicherheit noch psychologische Sicherheit entstehen kann. Die Schwierigkeit, in der neuen Kultur Handlungsfähigkeit zu erwerben, trägt zu zusätzlichem Stress bei. Bezüglich der traumatischen Belastung ist noch kein „post" erreicht.

Eugenio Rothe fand bei kubanischen Flüchtlingskindern sechs Monate nach Ankunft in den USA ernsthafte Symptome einer PTBS. 67 % zeigten Vermeidungsverhalten, 64 % zeigten regressives Verhalten, 60 % erlebten Aspekte ihrer Fluchterlebnisse in Alpträumen oder Flashbacks, 51 % erlebten Symptome der Übererregung. 68 % berichteten, dass die Flucht ihre Freunde stark verändert hätte. Ergebnis dieser Untersuchung war, dass PTBS Symptome unentdeckt bleiben können, wenn der äußere Stress beendet ist (Rothe 2004). Sie zeigt aber auch, dass ein Drittel der Kinder sich nach einem halben Jahr von dem lebensbedrohlichen Stress erholt hatte.

Eine Studie mit Flüchtlingen in Deutschland betont den prozesshaften Charakter von Migration und Unterschiede bei der Entwicklung von psychischen Störungen von Flüchtlingen. Zum einen ist damit zu rechnen, dass sich Symptome einer PTBS erst einige Zeit nach der Ankunft im Gastland zeigen, andererseits auch, dass es Personen gibt, die trotz traumatischer Erlebnisse gesund bleiben. Eine Pathologisierung aller Geflüchteten als Traumatisierte sei daher wenig sinnvoll (Nesterko u. Glaesmer 2018). Keilson sah in den Bedingungen der so genannten dritten Sequenz, dem Zeitraum nach erlangter äußerer Sicherheit, die entscheidenden Genesungsmöglichkeiten:

> „Die Bedeutung der dritten Sequenz liegt in der Qualität des Pflegemilieus, in seinem Vermögen, die Traumatisierungskette zu brechen

> und dadurch das Gesamtgeschehen zu mildern, nämlich selbst die erforderliche Hilfe zu bieten oder rechtzeitig Hilfe und Beratung zu suchen, respektive in seinem Unvermögen hierzu, wodurch die Gesamttraumatisierung verstärkt wird.“ (Keilson 1979, S. 430)

Der Politiksoziologe Aladin El-Mafaalani beschreibt den Unterschied zwischen erfolgreichen und weniger erfolgreichen Migrationsprozessen bei der Gruppe der Kriegsflüchtlinge aus dem Libanon in den 1980er Jahren. In den USA gehören die libanesischen Kinder zu den bildungserfolgreichsten aller Migrantengruppen, in Deutschland zu den am stärksten Benachteiligten. Zwischen den beiden Gruppen gab es keine signifikanten soziologischen Unterschiede, aber: In den USA dauerte es damals nur wenige Wochen, bis die Familien eine Arbeits- und Aufenthaltsgenehmigung bekamen, in Deutschland bis zu 10, manchmal 15 Jahre (El-Mafaalani 2015).

Neben der Frage, wie in Deutschland die Eltern der Flüchtlingskinder möglichst schnell handlungsfähig werden und selbstbestimmt ihr Leben gestalten können, wäre nach diesen Forschungsergebnissen für die Genesung vom Trauma und für eine erfolgreiche Integration der Kinder zum einen wichtig, in einem Elternhaus mit sicherem Aufenthaltsstatus zu leben. Zum anderen sollten sie möglichst schnell in den Kontakt zu Gleichaltrigen kommen und ohne weitere psychische Belastungen auch dort in einer sicheren und schützenden Umgebung selbstwirksam sein können. Für kleine Kinder bedeutet dies die Institution Kindertagesstätte, für ältere ist es die Schule.

Verstehen auf drei Ebenen

Während kleinere Flüchtlingskinder in der Kindertagesstätte schon gut über nonverbale Kommunikation am Spiel der anderen teilnehmen können und bei sensibler Begleitung Teil der Gruppe werden können, kommt es in der Schule mehr auf Sprache an. Der Schlüssel zur gelingenden Integration ist die Sprachkompetenz.

Doch parallel zur erwerbenden Sprache benötigen traumatisierte Flüchtlinge ein spezielles Verständnis für ihre lebensgeschichtlichen Belastungen und die daraus resultierenden Schwierigkeiten. David Zimmermann schlägt in pädagogischen Kontexten ein Fallverstehen auf drei Ebenen vor (Zimmermann 2012a).

- *Ebene 1* betrifft die objektiven Daten: Was hat der junge traumatisierte Flüchtling erlebt? Wo kommt er her? Wie lebt er in Deutschland? Diese Informationen stellen eine Grundvoraussetzung für das pädagogische Handeln dar, wobei es nicht erforderlich ist, jedes Detail zu wissen. Zusätzlich erweitern Kenntnisse über das Heimatland und die interkulturellen Unterschiede das Verständnis auf dieser Ebene.
- *Ebene 2* betrifft das subjektive Erleben der jungen Flüchtlinge. Hier ist es einerseits von Bedeutung, die typischen Symptome einer posttraumatischen Belastungsstörung zu kennen und zu wissen, dass Traumatisierte so genannte „Umschaltpausen" benötigen, um sich bei emotionalen Überflutungen wieder zu stabilisieren. Andererseits muss berücksichtigt werden, dass sie sich häufig als Außenseiter sehen und aus Scham und Angst nicht über eigene Gefühle sprechen. Wenn sie die neue Kultur noch nicht verstehen, erleben sie sich als hilflos und fremd gesteuert. Manche sind hoch leistungsorientiert, weil sie glauben, dadurch für sich und ihre Familie einen sicheren Aufenthaltsstatus zu erlangen.
- *Ebene 3* betrifft so genannte szenische Informationen. Welche Gefühle und Haltungen werden bei den Pädagogen in der Interaktion mit den Flüchtlingen ausgelöst? Das können z. B. Wut sein, eine große innere Leere oder auch elterliche Gefühle. Die ausgelösten Gefühle können ein Teil der Erlebenswelt des Kindes oder Jugendlichen sein, bis hin zu ersehnten aber nie erlebten Beziehungssituationen bei unbegleiteten minderjährigen Flüchtlingen.

Ein Verstehen auf diesen drei Ebenen bietet Möglichkeiten, mit den traumatisierten Kindern und Jugendlichen in Kontakt zu kommen und für sie einer Wiederholung von Angst- und Verlassenheitsgefühlen vorzubeugen.

Interventionen mit Flüchtlingsfamilien

Flüchtlingsfamilien ohne gesicherten Aufenthaltsstatus sind durch drei Problembereiche belastet: keine äußere Sicherheit, schwieriger Umgang mit Erinnerungsfragmenten (Stressoren), kein normales selbst bestimmtes Leben. Sie benötigen zuallererst Hilfe im Alltag. Berater/innen sind dabei nicht nur Agenten der neuen Kultur, die den Migranten helfen, sich zurechtzufinden und zum Teil praktische Hilfe bei der Suche nach angemessener Unterkunft, Kleidung und Vernetzung mit anderen Menschen aus demselben Heimatland leisten, sondern sie sind auch Menschen, die daran gemessen werden, ob sie selbst sicher und zuverlässig sind. Ein Gradmesser dafür kann sein, wie sehr sie bereit sind, in der neuen Realität des Exils tatsächlich etwas zu tun. So war ein Vater z. B. erst bereit, mit mir über seine Probleme zu sprechen, nachdem ich mit ihm zusammen einen Kinderwagen erstanden hatte, der für den Wert des Gutscheins zu erwerben war, den er vom Sozialamt erhalten hatte. Erst dann kam er auch mit seiner Frau und seinen Kindern zu mir in die Beratungsstelle.

Ähnlich wie bei der Arbeit mit anderen traumatisierten Familien sollte der Fokus in der Beratung oder Therapie mit den Eltern und den Kindern bei den Ressourcen liegen und nicht bei den traumatischen Erlebnissen aus der Vergangenheit. Bedeutsamer für die Familienmitglieder ist das Wertschätzen des Überlebens, die Stärkung der Handlungsfähigkeit der Eltern als Sicherheitsanker für die Kinder und die Betonung einer gemeinsamen Zukunft (Korittko 2002, Korittko u. Pleyer 2010). Die sprachliche Verständigung ist oft erst unter Zuhilfenahme von Dolmetschern möglich.

Die Ressourcen einer Familie mit Fluchthintergrund können sowohl in ihrer Vergangenheit als auch in der Zukunft liegen. In Rückblicken kann zusammen mit den Eltern und Kindern deren ursprüngliche Identität gestärkt werden. Mit Hilfe von Landkarten und anderen sichtbaren Erinnerungsstücken kann ein Lageplan der Familie erstellt werden:

Familien-Lageplan

- Wo sind die Eltern geboren, wo die Kinder? In welchen Bereichen sind Reisen innerhalb des Landes unternommen worden?
- Wo haben Verwandte gelebt, welche guten Erinnerungen verbinden sich mit dem Heimatland, die einem keiner mehr nehmen kann?
- Was verbindet sich mit der Kultur des Herkunftslandes? Welche Musik, welche Speisen, welche Getränke, was sonst noch?
- Zur Vergegenwärtigung des familiären Hintergrundes kann zusammen mit den Kindern eine Skulptur mit Figuren oder Klötzchen auf dem Familienbrett aufgestellt werden. Für Kinder ist es oft wichtig, etwas zu sehen und anfassen zu können, damit das, worüber gesprochen wird, „begriffen" werden kann.

Andere Ressourcen liegen in der Gegenwart und in der Zukunft. Fragen nach der Familienhierarchie werden in der Regel die Eltern in ihrer exekutiven Position stärken, selbst wenn die Kinder mit ihrem schnelleren Spracherwerb häufig nach außen als Sprecher der Familie in Erscheinung treten. Ein Gespräch über eine klare Rollenaufteilung und die Wiederherstellung der elterlichen Autorität klärt Rollenverwirrungen und entlastet die Kinder. Andere Fragen betreffen die Zukunft: Wann werden Sie wieder unbeschwert leben können, was muss dafür erreicht werden? Was wünschen Sie sich für sich und für die Kinder? Wann wird eine neue Generation dazu kommen?

Über die Traumageschichte der Familie kann gesprochen werden, wenn sich die Familie einigermaßen stabilisiert hat und eine vertrauensvolle Beziehung zu den Beratern hergestellt hat. Bei der Rekonstruktion der Geschichte der Familie und der Flucht sollten nicht nur das Leid und die Trauer über Verlorenes im Vordergrund stehen, sondern ebenso die Haltungen und Aktionen, die dazu geführt haben, dass die Familienmitglieder überlebt haben. Wenn die Kinder davon erfahren, auf welche Art und Weise die Eltern für sie gesorgt haben und wie sie geplant haben oder Vorsorge getroffen haben, das Überleben zu sichern, kann aus der Leidensgeschichte eine Ressourcengeschichte werden. Die eigenen Bewältigungsstrategien und Handlungsoptionen geraten stärker ins Bewusstsein und die Familiengeschichte kann im Kontext von Vergangenheit, Gegenwart und Zukunft gesehen werden, nicht nur aus dem Augenblick (Oestereich 2010).

Unbegleitete minderjährige Flüchtlinge

Im Jahr 2015 kamen rund 442.000 Kinder und Jugendliche ohne Begleitung einer sorgeberechtigten Person über die Grenze nach Deutschland, das übertraf den Vorjahreswert um 400 %. Für 2016 war die Tendenz weiterhin ansteigend (722.000), 2017 und 2018 erfolgte ein Rückgang. Der Zuwachs von Aufnahmen in Jugendhilfeeinrichtungen in diesen Jahren resultiert zu einem überwiegenden Teil aus den unbegleiteten Einreisen aus dem Ausland (Bundesamt für Migration und Flüchtlinge 2018). Gewalt, Verunsicherungen und ein Auf-sich-gestellt-Sein schon in jungen Jahren bestimmen das Leben vieler in den Kriegs- und Krisengebieten, aus denen sie kommen. Dann folgt die Flucht mit zum Teil lebensbedrohlichen Erfahrungen.

Es ist deutlich, dass Flüchtlingskinder in ihrer Fähigkeit, mit traumatischem Stress und den Belastungen, die die neue Kultur für sie beinhaltet, besser umgehen können, wenn sie die Unterstützung durch ihre Eltern bekommen und nach Alltagsstress immer wieder mit der Geborgenheit in der Familie rechnen können. Bei den unbegleiteten minderjährigen Flüchtlingen fehlt dieser protektive Faktor völlig. Die Einschränkung des Familiennachzugs im so genannten Asylpaket II der Bundesregierung stellt für die unbegleiteten minderjährigen Asylsuchenden eine zusätzliche Belastung dar. Viele waren schon seit vielen Jahren von ihren Familien getrennt und haben im Heimatland oder auf der Flucht Ablehnung, Misshandlung, Bandengewalt und andere traumatische Erlebnisse verkraften müssen. Viele wissen nicht, was aus ihren Eltern und Geschwistern geworden ist. Sie kommen allein in einem fremden Land an, sprechen die Landessprache nicht und kennen die Kultur nicht, müssen sich dort vollkommen auf sich gestellt zurechtfinden. Es sind aber auch junge Menschen, die über Potenziale und Ressourcen verfügen.

Elisabeth Batista-Pionto Wiese berichtet von Untersuchungen, bei denen 26 % der Kinder aus Migrantenfamilien mit Anwesenheit mindestens eines Elternteils von traumatischen Erlebnissen berichteten, unbegleitete minderjährige Asylsuchende jedoch zu 68 % (Batista-Pinto Wiese 2010). In einer Hamburger Flüchtlingsambulanz wurde 2014 bei 39 % eine posttraumatische Belastungsstörung nach ICD 10 diagnostiziert (Mogk 2016). Sie leben in einem Stadium permanenter Unsicherheit bezüglich einer sicheren Gegenwart und zukünftiger Lebensplanung. Es ergibt sich, will man Keilsons Erkenntnisse über die Bedeutung der dritten Sequenz nach kumulativen Traumatisierungen bedenken, für die pädagogische Betreuung in den aufnehmenden Jugendhilfeeinrichtungen eine besondere Verantwortung in der Gestaltung eines heilenden Milieus. Eine einseitige Ausrichtung aller Interventionen auf die Erfahrungen im Herkunftsland, sowie auf die Fluchterfahrung birgt die Gefahr der Vernachlässigung des Einflusses der aktuellen Lebenssituation und der damit zusammenhängenden gesellschaftlichen Ausgrenzung, einer Chronifizierung von Vorläufigkeit (Piesker 2018).

Unbetreute Opfer von Gewalt werden in erster Linie zum Risiko für sich selbst, können aber auch zu sozialem Sprengstoff werden (Leutner et al. 2015). Den Bemühungen, den minderjährigen Flüchtlingen, die meist Misstrauen gegenüber Autoritäten und Hilfesystemen entwickelt haben, ein Angebot zu machen, das ihrem Bedürfnis nach Sicherheit, Struktur und Zukunftsperspektiven nachkommt, steht zugleich der meist unklare Aufenthaltsstatus der Minderjährigen entgegen. Sie brauchen Menschen, die ihnen Hoffnung geben und sich für sie einsetzen.

Gleichzeitig benötigen sie Hilfe im fremden und unverständlichen Alltag. Dabei sollte Eigenverantwortung und Teilhabe an sozialen Aktivitäten mit Gleichaltrigen vorrangiges Ziel sein. Dazu benötigen die jungen Menschen Freiräume, in denen sie Akzeptanz finden, ohne etwas leisten zu müssen. Der Aufbau von Vertrauensverhältnissen zu Betreuer/innen und von Freundschaftsverhältnissen zu Landsleuten hilft, sich gedanklich von der traumatischen Vergangenheit zu lösen. Auftretende Symptome wie Depression, Schuldgefühle oder Schlaflosigkeit sollten als „normale Reaktionen auf belastende Erlebnisse und Lebensumstände“ übersetzt werden. Der Glaube an eine Zukunft, der durch extreme Gewalterfahrungen erschüttert wurde, sollte behutsam aufgebaut werden. Ein mindestens mittelfristig gesicherter Aufenthaltsstatus wäre hierbei eine enorme Erleichterung.

Im Zusammenleben mit Betreuern helfen den traumatisierten Kindern und Jugendlichen Prozesse der Co-Regulation dabei, bisher nicht erlebte Emotionen anstelle von Feindseligkeit, Misstrauen und Superempfindlichkeit zu entwickeln. Dazu muss von den Betreuern jede Form der bisher angewandten Selbstregulation von Emotionen geschätzt werden. Das Verhalten wird seinen guten Grund haben, der auf den ersten Blick nicht zu erkennen ist. Wenn die Kinder und Jugendlichen etwas nicht bewältigen können, lohnt es sich oft, zu erkunden, was sie denn gut können, worin sie Spezialisten sind. Wenn man etwas von ihnen lernen kann, sind neue Wege der Beziehungsgestaltung offen. Katharina Detemple beschreibt die Lebensumstände der unbegleiteten minderjährigen Flüchtlinge zwischen Autonomiebestreben und Hilfebedarf. Wie geht es ihnen, wenn sie in der Flucht auf sich gestellt waren und Selbständigkeit gezeigt haben, im fremden Land jedoch auf Unterstützung angewiesen sind und sich an Regeln halten sollen, nachdem sie sich monate- oder sogar jahrelang ohne feste Regeln durchgeschlagen haben (Detemple 2013)?

Manchmal weisen traumatisierte Kinder und Jugendliche Menschen, die ihnen sehr nahe gekommen sind zurück. Formen der extremen Grenzsetzung passieren besonders nach engen Kontakten aus der Angst heraus, wieder einen Verlust erleben zu müssen. Hilfreich wäre dann, sich nicht ebenfalls zurück zu ziehen, sondern sich für zu viel Intensität zu entschuldigen und sich für ein klares Distanzsignal zu bedanken: „Das war dir gestern vielleicht zu nahe, dass wir so lange miteinander gesprochen haben. Das habe ich jetzt verstanden. Danke, dass du mir das so deutlich gezeigt hast. Sag mir ruhig wieder Bescheid, wenn dir wieder etwas zu viel wird." Falls ein Kind oder ein Jugendlicher häufig in Dissoziation geht, sich wie abgeschaltet verhält, kann das ein Hinweis darauf sein, dass über körperliche Aktivitäten oder Schreib-, Zähl- und Sortieraufgaben (eher linke Gehirnhälfte) ein Gegengewicht zu emotionalen Überflutungen (eher rechte Gehirnhälfte) hergestellt werden sollte. Ziel aller Prozesse der Co-Regulation ist der Aufbau von einer Bandbreite von Gefühlen und Stimmungen als normaler Teil des Lebens, zu denen auch Misserfolge, Hilflosigkeit und Distanz gehören, ebenso wie Erfolg, Kompetenz und Nähe.

Paradigmen-Wechsel

David Zimmermann plädiert für den schulischen (und außerschulischen) Bereich für einen Paradigmenwechsel. Er schreibt: „Der Orientierung an Normen und Institutionen steht demnach das Ziel der individuellen und ganzheitlichen Persönlichkeitsentwicklung in der Schule gegenüber. Ein solches für die schulische Interaktion hochgradig prägendes dialektisches Verhältnis kann nur sinnvoll ausgestaltet werden, wenn wesentliche subjektive Erfahrungswelten der Schülerinnen und Schüler bekannt sind. Nur dann können die normativen Aspekte der Pädagogik lebensgeschichtliche Bedeutung für die Lernenden erhalten, alltägliches Lernen aus Erfahrung Bestandteil schulischer Pädagogik sein" (Zimmermann 2013b, S. 231).

Die Bundesweite Arbeitsgemeinschaft der psychosozialen Zentren für Flüchtlinge und Folteropfer (BAfF) hat Leitlinien zur Beratung und Behandlung von Flüchtlingen und Opfern organisierter Gewalt entwickelt. Sie betont eine humanitäre Verantwortung gegenüber denjenigen, die als Überlebende von Folter, organisierter Gewalt und Menschenrechtsverletzungen zu uns geflohen sind und vorübergehend oder auf Dauer bei uns leben. In der Sozialpädagogik wurden und werden Betreuungsstandards unter der Berücksichtigung der Bedürfnisse von traumatisierten Kindern und Jugendlichen erarbeitet und etabliert. Dabei stellen unbegleitete minderjährige Flüchtlinge eine besondere Herausforderung dar, die mit einer ebenso großen Verantwortung verbunden ist. Einige Autoren haben sich mit zielgruppenspezifischen Konzepten für Einrichtungen der Jugendhilfe befasst, die das aktuelle Traumawissen berücksichtigen (Koch 2017, Kühn u. Bialek, 2017).

Ein Handeln auf zwei Ebenen ist erforderlich, auf der pädagogischen Ebene und auf der politischen Ebene, damit die minderjährigen Überlebenden von Gewalt aus anderen Ländern bei uns den gleichen Schutz erhalten, wie alle Kinder und Jugendlichen in unserem Land. Die seit August 2018 bestehenden Ankunfts-, Entscheidungs- und Rückführungszentren (Anker-Zentren) sind für sie ungeeignet (siehe auch Offener Brief von 24 Verbänden an die Städte und Gemeinden sowie das Bundesinnen- und Familienministerium, Mai 2018). Die unbegleitet einreisenden Kinder und Jugendlichen haben nach dem Übereinkommen über die Rechte des Kindes der Vereinten Nationen ein Recht darauf, dem Kindeswohl entsprechend untergebracht, versorgt und betreut zu werden. Sie müssen ihren Bedürfnissen entsprechend aufgenommen und mit allen ihren Belastungen, schmerzhaften Erfahrungen und Ängsten aufgefangen werden, aber auch die Möglichkeit erhalten, durch Zugänge zu Angeboten formaler und nichtformaler Bildung ihre Potentiale zu entfalten und ihren Platz in der Gesellschaft zu finden. Sie müssen zusätzlich die Chance bekommen, die Werte und Normen der Kultur des Aufnahmelandes kennenzulernen und zu akzeptieren. Das benötigt Zeit und Menschen, die sie unterstützen.

Dann kann der durch die Flüchtlinge entstandene Zuwachs unserer Bevölkerung zu einem Gewinn für alle werden.

Fazit

- In der Beratung mit Flüchtlingen/Migranten ist meist die Orientierung an Ressourcen hilfreicher, als die „Aufarbeitung" der erlittenen Traumata.
- In der Erziehungsberatung kann zusätzlich eine Vermittlung von praktischen Hilfen und gesellschaftlichen Normen im Gastland Inhalt von Gesprächen sein.
- Eine Haltung von Neugier für kulturelle Eigenheiten verbunden mit dem Heimatland stärkt die Identität der Flüchtlinge/Migranten und bildet eine gute Basis für Kooperation und Integration.

Kinder als Zeugen elterlicher Gewalt

Das statistisch betrachtet größte Risiko, umgebracht zu werden haben in West-Europa Frauen, die von ihren gegenwärtigen oder früheren Lebenspartnern geschlagen, bedroht oder gestalkt werden. 2016 starben in der Bundesrepublik 149 Frauen durch die Hand ihres Ehemanns, Freundes oder Ex-Partners. Wesentlich mehr wurden in tödlicher Absicht attackiert, konnten aber fliehen oder sich wehren, bzw. rasch medizinische Hilfe bekommen (Bundeskriminalamt 2016). Tötungsdelikte an der Intimpartnerin geschehen kaum alleine aus situativ eskalierender Gewalt, sondern stellen den Endpunkt einer prinzipiell erkennbaren Entwicklungsdynamik dar (Hoffman u. Glaz-Ocik 2012). Auch wenn nicht jede Form von häuslicher Gewalt in einem Mord oder Mordversuch endet, stellen diese Zahlen nur die Spitze eines Eisberges dar. Die Dunkelziffer ist hoch.

Das hohe Ausmaß von häuslicher Gewalt verdeutlicht die Schutzbedürftigkeit von Frauen und Kindern gegenüber Partnern,

Ex-Partnern und Vätern. Bei einer Studie des Bundesministeriums für Familie, Senioren, Frauen und Jugend (2008) gaben 10 Prozent aller befragten Frauen, die sich aus Beziehungen mit gemeinsamen Kindern gelöst hatten, Probleme an, die sich auf Gewaltandrohungen, körperliche Gewalt, Entführung und angedrohte oder versuchte Ermordung der Frau oder ihrer Kinder bezogen. Es kann davon ausgegangen werden, dass ein nicht geringer Teil dieser Elternbeziehungen auch schon vor der Trennung gewaltbelastet war.

Muster von Partnergewalt

Marianne Walters et al. (1991) beschreiben eine Gewaltspirale zwischen Männern und Frauen, eine zirkuläre Eskalation zwischen Menschen, die unter einer schweren Bindungsstörung leiden. In der ersten Phase baut sich zwischen Mann und Frau Spannung auf, es kommt bereits zu kleineren Gewaltausbrüchen. In der Misshandlungsphase kommt es zu ernsthaften Verletzungen durch den Täter (meist dem Mann), das Opfer (meist die Frau) flüchtet oder erträgt die Gewalt in Dissoziation. In der dann folgenden Scham- und Schuldphase zeigt der Mann „liebevolle Zerknirschung“ und die Frau glaubt ihm. Sie tappt in eine Falle, wenn sie sich dann so sehr umworben und narzisstisch geschmeichelt fühlt, dass sie die Misshandlung verdrängt oder bagatellisiert, bzw. seinen Änderungsversprechungen glaubt. Niemand liebt sie so wie er. Nach dieser Honeymoonphase folgt eine Alltagsphase, in der sich schon bald wieder Spannung aufbaut. Peichl sieht in dieser Paardynamik vor dem Hintergrund frühkindlicher übermächtiger Gewalterfahrung bei beiden die Entwicklung von „ohnmächtiger Wut“ bei ihm und „wütender Ohnmacht“ bei ihr. Es ist das Um-sich-Schlagen des Ertrinkenden und das Ergeben in das Schicksal (Peichl 2008). Oft erfolgt eine Trennung erst nach vielen Wiederholungen dieses Kreislaufes.

Nach einer Trennung besteht erneut die Gefahr, dass der gewaltbereite Mann als Gegenregulation gegen Verlust von Macht und Ansehen Gewalt einsetzt. Denn nun ist die Frau nicht mehr hilflos und kann ihrerseits durch den eingeschränkten Zugang zum Kind und durch finanzielle Forderungen oder Manipulationen, die Vermögen, Haus oder Auto betreffen, ihre frühere Ohnmacht in eine Machtposition umwandeln. Diese in vielerlei Hinsicht auch symmetrische Entwicklung zeigt immer dann komplementäre Formen, wenn einer der beiden Partner, meist der Mann, körperliche Gewalt einsetzt. Hier wird eine qualitative Grenze überschritten, es werden Mittel eingesetzt, vor denen die Opfer geschützt werden müssen. In Fällen von häuslicher Gewalt gibt es eine weitreichende Übereinstimmung zwischen Fachleuten, sich von Konzepten wie „Masochismus" („Manche Menschen wollen geschlagen werden und provozieren deshalb dazu") und „symmetrische Kollusion" („Beide kämpfen mit unterschiedlichen Waffen, die auf beiden Seiten Schaden anrichten") zu distanzieren und den Täter, meist den Mann, für die Gewalt verantwortlich zu sehen. Diese Sichtweise führt zu Krisen-Interventionen, Formen sozialer und juristischer Kontrolle und nach Trennung zum so genannten Begleiteten Umgang.

Es ist die Aufgabe von Erziehungsberatung – wie im Übrigen auch aller anderen Professionen – abzuwägen, ob ein Verbleib bei gewaltbereiten Eltern für das Kind gedeihlich ist, also dem Kindeswohl dient und durch professionelle Interventionen mit den Eltern der familiäre Kontext verbessert werden kann, oder ob die grundsätzlich positive Bedeutung der Herkunftsfamilie für die Entwicklung des Kindes in einer Konstellation mit einem gewaltbereiten Mann nicht zutrifft. Im ersten Fall können Erziehungsberater/innen eine streitschlichtende allparteiliche Position einnehmen, im zweiten Fall ginge es um eine Gefährdung des Kindeswohls durch den Verbleib in der Familie, die eine Fremdunterbringung oder nach einer Trennung der Eltern auch eine Einschränkung oder einen Ausschluss des Umgangsrechtes des Vaters zur Folge haben kann. Solche Einschränkungen finden fast immer statt, wenn sich die Gewalt direkt gegen das Kind gerichtet hat, bei sexueller Gewalt oder angedrohter Entführung auch bei dringendem Tatverdacht. Hier soll zusätzlich verdeutlicht werden, dass auch Gewalt oder Gewaltandrohung gegenüber der Mutter eine Kindeswohlgefährdung darstellt, die ebenso zu werten ist, wie Gewalt gegen das Kind selbst. Es sollen außerdem Konzepte erörtert werden, wie nach Gewalteskalation in Partnerschaften zwischen Mann und Frau professionelle Interventionen für alle Beteiligten gestaltet werden können.

Traumatische Erfahrungen der Kinder

Die Gewaltforscherin Susanne Heynen sagt:

> „Kinder sind in der Regel anwesend, wenn der Vater die Mutter als Hure und Schlampe beschimpft, sie anschreit, Gegenstände nach ihr wirft, sie zusammenschlägt, sie vergewaltigt, ihr im Falle der Trennung einen Mord ankündigt, sie mit einer Waffe bedroht oder tatsächlich umbringt. Darüber hinaus erfahren die Kinder, wie die Mutter sich dem Vater unterordnet, versucht, ihn zu besänftigen und sich seinen Anforderungen anpasst. Sie sehen, dass die Mutter verzweifelt ist, stundenlang weint, im Bett liegen bleibt, sich nicht raustraut oder das Kind anschreit. Die Mädchen und Jungen nehmen die blauen Flecken wahr und hören gleichzeitig, wie die Mutter dem Arzt gegenüber sagt, sie sei die Treppe runtergefallen." (Heynen 2010, S. 6)

Kinder – je kleiner sie sind, umso intensiver – erleben eine körperliche Bedrohung gegenüber einem betreuenden Elternteil, meist der Mutter, auch als Bedrohung gegen sich selbst. Weil sie als Kinder so abhängig sind von denen, die sie versorgen und betreuen, kommt ihnen eine Bedrohung dieser Erwachsenen sogar noch schlimmer vor, als eine Bedrohung der eigenen körperlichen Unversehrtheit. Metastudien über die Häufigkeit der Posttraumatischen Belastungsstörung (PTBS) bei Kindern haben gezeigt, dass nach eigenem Erleiden sexueller Gewalt oder Misshandlung bei 80 bis 90 % mit einer PTBS zu rechnen ist, bei Gewalt gegen einen

Elternteil (Schläge, Mordversuch usw.) jedoch bei nahezu 100 % der Kinder, die Zeuge davon werden, und zwar altersunabhängig (Hamblen u. Barnett 2009). Partnerschaftsgewalt führt zwar häufig zu Trennungen, die Gewalt endet jedoch damit nicht. Etwa 40 % derjenigen Frauen, die schon vorher mit Gewalt konfrontiert waren, erlebten während der Trennung erneut Übergriffe. Diese Frauen brauchen im Trennungs- und Scheidungsverfahren häufig besonderen Schutz. Warnsignale für eine besondere Gefährdung von Frauen und Kindern sind: häufig gesuchter Polizeischutz, Flucht ins Frauenhaus, Sperren von Anschrift und Telefon-Nummern, Näherungsverbote (Kindler 2010, Salgo 2003, Balloff 2011).

Was geschieht mit einem Kind in einer solchen Situation? Zunächst stehen dem Kind, genau wie Erwachsenen auch, drei archaische Notfall-Reaktionen zur Verfügung: Flucht, Kampf und Erstarrung. Je jünger ein Kind ist, umso weniger kann es die ersten beiden Reaktionen nutzen. Es ist zu erschrocken und zu schwach, um fliehen zu können, es hat noch nicht ausreichend Kraft und Geschicklichkeit entwickeln können, um gegen die Bedrohung ankämpfen zu können. Da bleibt als beste Überlebensreaktion die Erstarrung, ein Abschalten der Gefühle nach innen und fast aller Wahrnehmungen nach außen. Je häufiger dieser Überlebensmechanismus genutzt werden muss, umso stärker bilden sich im Gehirn neuronale Muster heraus, die im Vergleich zu weniger genutzten Mustern zu wahren „Datenautobahnen" werden, die später auch in weniger bedrohlichen Situationen abgerufen werden (Hüther, 2005). Nach Kindler (2005, 2006) entwickeln Kinder, die die Gewalt des Vaters gegen die Mutter miterleben, eine Vielzahl von Störungen in der emotionalen, kognitiven und sozialen Entwicklung. Durchschnittlich entspricht die Schwere der kindlichen Schädigungen den Beeinträchtigungen beim Zusammenleben mit einem oder zwei alkoholkranken Elternteilen. Kinder sind deshalb nicht nur Zeugen häuslicher Gewalt, sondern immer auch Opfer (siehe auch Heynen 2001).

Identifikationen

Ein zweiter Prozess ist typisch für Kinder, die Zeugen häuslicher Gewalt zwischen Eltern waren. Sie erleben einerseits Angst, Panik, Schmerz und Ekel, andererseits aber auch Wut und Bewunderung. Wie ist das zu verstehen? Über die so genannten Spiegelneuronen werden im Gehirn bei der Beobachtung einer Handlung dieselben Muster aktiviert, als führe man diese Handlung selbst aus. Bei positiven Vorbildern bildet sich auf diese Weise Empathie und soziale Intelligenz. Bei wiederkehrender Gewalt des Vaters gegen die Mutter entwickelt sich eine Identifikation mit dem Opfer *und* mit dem Täter. Nach Karl Heinz Brisch bildet sich bei Kindern, die Zeugen von häuslicher Gewalt werden, eine pathologische Bindung an die Mutter und an den Vater. Aus der Bindung an den Täter wird über Imitation eine Identifikation mit dem Täter, aus der Bindung an das Opfer wird durch Parentifizierung (hier: sich um die Mutter kümmern) Überforderung, Depression und Burn-out (Brisch 2008, 2010). Diese Kinder sind im Grunde schlechter dran, als Kinder, die selbst von einem Elternteil geschlagen werden, aber die Unterstützung des anderen bekommen. Die Folgen sind emotionale und kognitive Defizite, soziale Isolation und schulische Leistungsminderungen.

Es ist häufig zu erkennen, dass die kindlichen Zeugen häuslicher Gewalt hoch sensibilisiert sind, bei bedrohlichem Stress mit emotionaler Erstarrung zu reagieren. Schneller als andere Kinder verfallen sie in devote Opferhaltungen, wenn sie sich unterlegen fühlen und sie neigen zu aggressiven Verhaltensweisen, wenn sie sich angegriffen fühlen. Nach ihren Wünschen gefragt, wollen sie bei Mama bleiben (für die sie sich verantwortlich fühlen) und Papa nahe sein (mit dessen gewaltsamer Durchsetzung von Forderungen sie sich identifizieren).

In einer Vielzahl von Fällen, in denen Frauen Gewalt erleiden, werden auch die Kinder misshandelt. Wenn Kinder nicht direkt von Gewalt betroffen sind, erleiden sie ebenfalls seelischen Schaden, indem sie die Misshandlung an ihren Müttern miterleben, die

Auswirkungen sehen und gegebenenfalls den Vater als Täter erleben. Daher sollte die Verhinderung von Gewalt zwischen den Erwachsenen auch im Sinne des Kinderschutzes der erste Schritt sein.

Beenden der Gewaltspirale

Gewalt ist eine Entweder-oder-Lösung, die komplexe Beziehungswirklichkeiten auf einfache, meist ungerechte und wenig hilfreiche Weise reduziert. Gewalt löst aus einer unerträglichen Spannung und Ambivalenz. Sie trägt aber ebenso zu weiterer Eskalation bei. Als Hintergrund zeichnen sich oft Gewalterfahrungen in der eigenen Kindheit ab, aber auch die Erfahrung von enttäuschter Hoffnung auf Anerkennung oder Erfahrungen sozialer Isolation. Und schließlich kann auch ein überhöhtes Selbstwertgefühl zur Ausübung von Gewalt führen (Trost u. Buscher 1995). Viele Morde und Überfälle sind die Folgen davon, dass das übersteigerte Selbstwertgefühl des Täters durch Herabsetzung, Beleidigung oder Demütigung einen Schlag erlitt (Baumeister 2001).

Die eindeutige Verurteilung von Gewalt und Unterstützung der Opfer sollte im Fokus jeder Intervention liegen. Das vorherrschende Paradigma bei Partnergewalt scheint in vielen Professionen die Trennung der Partner, die Rettung der Frau und der Kinder und die Sanktionierung und Behandlung der Täter zu sein. In der Erziehungsberatung begegnen uns allerdings auch Elternpaare, die die Gewalt stoppen und die Partnerschaft fortsetzen wollen. Daher muss die erste Frage bei partnerschaftlicher Gewalt sein: Wollen beide Hilfe dabei, sich begründet und angemessen zu trennen oder wollen sie zusammenbleiben? Hat es überhaupt Zeiten gegeben, in denen sie ihre Meinungsunterschiede ohne Gewalt bewältigt haben? Welche individuelle Verantwortlichkeit kann bei diesen gewaltfreien Lösungen erkannt werden? Haben Alkohol oder Drogen oder durch etwas anderes veränderte seelische oder körperliche Zustände eine Rolle bei einer friedlichen oder bei einer gewalttätigen Entwicklung gespielt?

In den meisten Fällen ist es angemessen, nach einem gemeinsamen Anfangsgespräch getrennte Gespräche zu führen oder gemeinsame Gespräche und Einzelgespräche abzuwechseln. Auf diese Weise kann jeder Partner angstfrei sprechen und genau überlegen, ob er oder sie individuelle Verantwortung für die eskalierende Gewalt übernehmen will. Will die Frau lernen, für ihre Sicherheit zu sorgen? Ist sie zu Hause sicher? Wohin kann sie mit den Kindern gehen? Wie kann sie sich den Mann vom Leibe halten, falls er durchdreht? Ist sie bereit, als Symbol für ihre Bereitschaft zu gehen, eine gepackte Tasche in der Wohnung zu deponieren? Was sind die Vorteile von Konfliktlösung ohne Gewalt? Will der Mann lernen, seine Impulse zu kontrollieren? Erkennt er überhaupt seine vollständige und alleinige Verantwortung für seine Taten an? Was benötigt er, um sich zu beruhigen, wenn er sich zu gewalttätigem Verhalten gereizt fühlt? Wohin kann er gehen, um Distanz zu schaffen und sich wieder zu beruhigen?

Gewalttätige Männer, die Verantwortung für ihre Handlungen übernehmen, haben gute Chancen, sich zu verändern. Wer sich in Ausreden flüchtet, seine Übergriffe verharmlost und die Verantwortung dafür auf die Frau oder ihr Umfeld abschiebt, muss weiter als potenzieller Gewalttäter betrachtet werden. Der niederländische Paartherapeut Max van Trommel konfrontiert Täter mit dem Satz: „Nicht alle Menschen benutzen Gewalt zur Lösung dieses Problems.“ Er geht davon aus, dass jeder Erwachsene für Grenzüberschreitungen verantwortlich ist, Täter, erwachsene Opfer und Berater. Van Trommel beginnt die Beratung mit „Gewalt-stoppen-Gesprächen“. Falls sie erfolgreich sind, schließt sich Therapie an, die Aufarbeitung der individuellen Vergangenheit von Mutter und Vater und die Stärkung der Elternachse. Falls die Gewalt jedoch weiter bestehen bleibt, beendet er die Illusion, helfen zu können: „Wenn die Gewalt nicht aufhört, kann ich nicht mit Ihnen arbeiten“ (van Trommel, 1997).

Eve Lipchik hält es für absolut erforderlich, bei Paargesprächen nie ohne Motivation zur Veränderung *bei beiden* zu arbeiten. Zusätzlich ist ihr die Zuversicht der Frau am wichtigsten, die sich gleichzeitig sicher sein sollte, dass die Partner mehr füreinander sind als Objekte der Selbstbestätigung. Sie hat die Erfahrung gemacht, dass bei Selbstmeldern eine Erfolgsquote bis zu 85 % möglich ist, bei vom Gericht geschickten Paaren immerhin 65 %. Kommt der Kontakt zur Beratungsstelle nach einer Verurteilung durch den Bewährungshelfer zustande, ist die Erfolgsaussicht sehr gering einzuschätzen (Lipchik 1991).

Ziel äußere Sicherheit

Familien mit innerfamiliärer Gewalt sind nur mit erheblichen Anstrengungen gemeinsam zu behandeln. Oft ist es einfach nicht mehr möglich, emotionales Vertrauen, emotionale Verbundenheit und emotionale Unterstützung zwischen Opfern und Tätern zu bewirken, auch wenn man ein Paar zu zweit berät. Dann haben die Gewalttaten des einen so tiefe Spuren beim anderen hinterlassen, dass jede persönliche Begegnung zu den bekannten Traumareaktionen Flucht, Kampf, Erstarren oder Unterwerfung/Dissoziation führen. Auch Trennungsvermittlung (Mediation) entpuppt sich dann als erfolgloses Unterfangen. Wenn der Mann der Täter war, ist die Unterstützung der Frau die beste Strategie des Kinderschutzes. Wenn Mütter von Unterstützungsangeboten erreicht werden, ebnet dies auch für Kinder einen Weg zu spezifischen Hilfsangeboten.

Wird deutlich, dass Sicherheit für Mutter und Kind nur durch eine Trennung zu erzielen ist, wird ein vertrauensvoller Kontakt das wichtigste Instrument. Es ist von erheblicher Bedeutung, die Frau in alle Überlegungen und Entscheidungen einzubeziehen. Günstigenfalls sollte die Frau nicht in ihrem häuslichen Umfeld aufgesucht werden, sondern sie sollte ermutigt werden, ihre Wohnung zu verlassen. Beraterinnen oder Berater sollten weder die Probleme lösen, noch allzu sehr über die Gewalterlebnisse berichten lassen. Erzählen führt meist nicht zu einer Heilung, sondern zu einer unkontrollierten Gefühlsüberflutung. Die Traumaexposition oder Traumaintegration, also die Auseinandersetzung mit den traumatischen Erlebnissen, sollte nur im geschützten Rahmen einer Therapie geschehen.

Zunächst geht es um das Erreichen der äußeren Sicherheit. Alle Möglichkeiten der Hilfe sollten ausführlich besprochen werden, die persönliche Verantwortung für sich und ihre Kinder bleibt jedoch bei der Klientin, solange nicht eine Gefahreneinschätzung nach § 8a SGB VIII dazu führt, eine Fremdunterbringung der Kinder in Erwägung zu ziehen. In der Rolle der Beraterin oder des Beraters der Mutter sind wir nicht die Rettungsmannschaft, sondern arbeiten ähnlich wie ein Coach. Wir erhöhen den Informationsstand der Betroffenen, sodass sie besser auswählen können, wann sie was tun. Falls unsere Kenntnisse und Fähigkeiten nicht ausreichen, ermuntern wir dazu, andere Professionen einzubeziehen: Kolleginnen oder Kollegen einer Fachberatungsstelle, Juristen und im Extremfall in einer akuten Gewaltsituation die Polizei zur Umsetzung des Gewaltschutzgesetztes und einem Näherungsverbot. Die polizeilichen und gesetzlichen Möglichkeiten des Gewaltschutzgesetzes werden von Gewaltopfern meist dann erst angenommen, wenn es entsprechende beratende Unterstützung gibt. Es gilt die Regel: Entscheidung und Kontrolle muss bei der Frau bleiben.

Von der äußeren Sicherheit zur inneren Sicherheit

Wenn die äußere Sicherheit – gleich ob durch Beendigung der Gewalt oder durch Trennung – erreicht ist, kann in der Beratung die innere Sicherheit Fokus der Interventionen werden. Kinder, die immer wieder Gewalt zwischen den Eltern erlebt haben, können weniger als andere Kinder Vertrauen in die eigene Unversehrtheit und die Unversehrtheit ihrer Bezugspersonen entwickeln. Sie geraten in Panik oder Erstarren, wenn durch minimale Erinnerungsfragmente die bedrohlichen Situationen aus der Vergangenheit lebendig werden. Die traumatischen Erfahrungen werden in Erinnerung gerufen, aktivieren die traumadeterminierten Emotionen und Körperreaktionen und führen zu nicht steuerbaren affektiven Überschwemmungen mit Ohnmacht und Angst, oder Wut und Aggression. Selbst wenn die Gewalt beendet ist, können doch immer wieder die früheren traumatischen Situationen durch Bilder (z. B. Anblick der wütenden Augen des Vaters), Gerüche (z. B. dasselbe Rasierwasser), Geräusche (z. B. die ängstliche Stimme der Mutter) oder ähnliche Auslösereize (Trigger) in Erinnerung gerufen werden.

Es ist, als genüge einer dieser Schlüsselreize, um die gesamte Situation erneut als gegenwärtig zu erleben (Flashback). Der Neurobiologe Gerald Hüther spricht von einem „Fahrstuhlschacht" im Gehirn, in dem der „Wahrnehmungsfahrstuhl" bei solchen Schlüsselreizen ungebremst in den Bereich des Hirnstamms hinab rauscht und körperliche Reaktionen wie z. B. Gänsehaut oder beschleunigten Herzschlag (Übererregung) bzw. Erbleichen der Haut und verlangsamten Puls (Untererregung) auslöst, ohne dass die höheren Regionen des Gehirns diese Reaktionen einordnen können (Hüther et al. 2010).

In dieser Situation benötigen die Eltern und andere Bezugspersonen Informationen darüber, wie sie für das Kind einen möglichst vorhersagbaren und angstfreien Alltag gestalten können. Traumatisierte Kinder benötigen ein Höchstmaß an Regelmäßigkeit und Routine, um wieder Vertrauen in die Vorhersagbarkeit der Welt zu bekommen. Sie müssen erfahren, dass angekündigte Dinge eintreffen und nicht plötzlich weitere schreckliche Dinge passieren. Sie benötigen in neuen Situationen Antworten auf ihren Fragen, damit Unbekanntes nicht noch mehr zum Schrecken beiträgt. Die Nutzung von elektronischen Medien sollte eingeschränkt werden, da traumatisierte Kinder anstelle von hektischen und unkontrollierbaren Aktivitäten Erlebnisse brauchen, auf die sie selbst Einfluss nehmen können. Und natürlich benötigen die Kinder die Unterstützung der Eltern bei der Auseinandersetzung mit dem, was geschehen ist. Das betrifft nicht nur die Beendigung von Gewalt oder die Trennung der Eltern, sondern auch die Zeit davor.

Verantwortung gegenüber den Kindern

In Beratungsgesprächen können Eltern dabei Unterstützung erhalten, gegenüber den Kindern Verantwortung für das zu übernehmen, was geschehen ist. Dazu gehört, dass z. B. der Vater als Täter bereit ist, über das Furchtbare zu sprechen und Reue zu zeigen. Zur Reue wiederum gehört die ausgesprochene Erkenntnis, dass die Gewalttaten an der Mutter (und u. U. auch direkt am Kind) falsch waren, nicht ungeschehen gemacht werden können. Er kann auch dazu ermutigt werden, gegenüber Mutter und Kind um Verzeihung zu bitten. Durch eine solche Verantwortungsübernahme des ehemals gewalttätigen Vaters geschieht für das Kind eine Klärung der Bewertung der vergangenen Ereignisse auf einer kognitiven Ebene. Das Kind muss nicht aus sich selbst heraus klären, welcher der beiden Eltern Recht hat, sondern erfährt eindeutig, wer die Verantwortung für die erlebte Gewalt trägt und dass Gewalt keine angemessene Lösung von Konflikten darstellt.

Gesa Schirrmacher fasst zusammen, welche Fragen bezüglich eines gewalttätigen Vaters zu klären sind:

- Ist er willens und in der Lage, nicht mehr gewalttätig zu sein und Gewaltandrohungen zu vermeiden?
- Hat der Vater ein Unrechtsbewusstsein über seine Gewaltbereitschaft und seine Gewalthandlungen entwickelt?
- Übernimmt er für seine Taten die Verantwortung auch gegenüber dem Kind und fördert damit seine realistische Wahrnehmung des Erlebten?
- Unterlässt er diffamierende Äußerungen über die Mutter gegenüber dem Kind und vermeidet damit, Loyalitätskonflikte des Kindes zu verstärken? (Schirrmacher 2006)

Ohne Zweifel sind viele Väter nicht ohne Weiteres dazu in der Lage, sich auf die oben beschriebene Weise ihren Kindern gegenüber zu verhalten. Sie sollten deswegen – ebenso wie Mutter und

Kind – ein Beratungsangebot erhalten, wenn sie nicht ohnehin an einem Anti-Aggressions-Training teilnehmen.

Auch die Mutter kann in der Beratung lernen, gegenüber dem Kind eine Position einzunehmen, die dem Kind hilft, ein Gefühl von Sicherheit zu erlangen. Sie könnte dem Kind vermitteln, wie sehr es ihr leidtut, dass das Kind Gewalt zwischen den Eltern erlebt hat und dass sie zukünftig alles tun wird, damit dies nicht noch einmal geschieht. Bleiben die Eltern zusammen, kann sie dem Kind erklären, welche Vorsichtsmaßnahmen sie getroffen hat. Und sie kann dem Kind versprechen, zukünftig sofort den Vater zu verlassen, wenn sie erneut in Gefahr gerät. Natürlich vermitteln solche Erklärungen dem Kind nur Sicherheit, wenn die Versicherungen von Vater und Mutter zueinander passen, authentisch sind und wenn sie sich nicht schon häufig als „leere Versprechungen" erwiesen haben.

Benötigen Eltern Unterstützung im Dialog mit dem Kind, fällt es ihnen oft leichter, ihre Verantwortlichkeiten zu benennen, wenn Berater gegenüber dem Kind auch die positiven Anteile der Eltern wertschätzen. Und es hilft auch den Kindern. Sie sind so sehr mit ihren Eltern identifiziert, dass sie leicht auf die Idee kommen, sie selbst seien schlecht, da sie von schlechten Eltern abstammen. Die Balance zwischen Wertschätzung und klarem Benennen der Verantwortung könnte mit den folgenden Worten geschehen:

„Weißt du, als du geboren wurdest, waren deine beiden Eltern, also deine Mutter und dein Vater, sehr stolz darauf, ein gesundes und hübsches Kind zu haben. Später haben sie sich viel gestritten, obwohl sie sich große Mühe gaben, gute Eltern für Dich zu sein. Oft hat dein Vater sich dann so verhalten, wie er es gar nicht wollte. Dann hat er mitten im Streit keine Worte mehr gehabt und deine Mama geschlagen. Er weiß, dass er allein dafür verantwortlich ist."

In der zweiten Phase der Erholung von traumatischen Erfahrungen geht es darum, das traumatische Material zu „entgiften“, das heißt Erinnerungsauslöser sollen die Kraft verlieren, das Kind immer wieder in die schlimme Vergangenheit zu versetzen. Erfahrungsgemäß ist dazu erforderlich, dass die Angst auslösenden Erlebnisse in sicherer Atmosphäre in das Erleben des Kindes integriert werden. Die Traumatherapie bietet hier Verfahren der so genannten Traumaexposition an, die in der Erziehungsberatung relativ einfach angewandt werden können (Lovett 1999, Weinberg 2005, Korittko u. Pleyer 2010). Am besten eignet sich die Trauma-Erzählgeschichte, die unter Umständen durch Zeichnungen oder durch die Darstellung mit Figuren unterstützt werden kann. In dieser Geschichte, die dem Kind erzählt wird, sollen alle Elemente des schrecklichen Geschehens vorkommen, allerdings sollen auch ein Zugewinn an Kompetenz bei dem Kind, sowie ein positives Ende wichtige Bestandteile sein. Eine Verfremdung mit einer Tierfigur oder einem anderen Namen machen es für das Kind einfach, sich vom Schrecklichen zu distanzieren. Für einen Jungen, der Gewalt zwischen den Eltern erlebt hat und inzwischen mit der Mutter alleine lebt, könnte sich die Geschichte so anhören:

„Es war einmal ein kleiner Junge, der hieß Paul. Der hatte genauso schöne dunkle Haare wie du. Pauls Eltern versuchten, gute Eltern für ihn zu sein, aber dann bekamen sie doch oft Streit miteinander. Wenn Pauls Papa Schnaps getrunken hatte, wurde er besonders schnell wütend auf die Mama. Dann lief die Mama schnell in Pauls Zimmer, weil sie Angst bekam. Paul bekam auch Angst, denn er wusste, dass es bald wieder losgehen würde. Der Vater schlug die Mutter nämlich auch wenn Paul dabei war. Es kam sogar vor, dass der Vater die Mutter so heftig schlug, dass sie blutete. Einmal hatte er sogar ein Messer nach der Mama geworfen.

Oft hatte Paul versucht, seinen Papa zu stoppen und hatte ganz laut „Aufhören“ geschrien. Aber es war, als würde sein Vater ihn überhaupt nicht hören. Und dann hatte Paul herausgefunden, dass er sich unsichtbar und gefühllos machen konnte, wenn seine Angst ganz riesengroß wurde. Plötzlich sah er dann nichts mehr, hörte nichts mehr und spürte auch seine Angst nicht mehr. Das war ein guter Zustand. Hinterher, wenn der Vater die Haustür zugeschlagen hatte, weil er wieder in die Kneipe ging, und die Mutter weinend in der Küche verschwand, wurde Paul wieder wach. Dann hatte er großes Mitleid mit seiner Mama und wurde wütend auf seinen Papa. Und wenn er ein paar Tage später mit seinem Papa Fußball spielte oder zugucken durfte, wie der Papa in einer Boxschule boxte, fand er ihn so wunderbar groß und stark.

Die Mama trennte sich von dem Papa. Der Papa wohnte woanders und wollte Paul manchmal zur Boxschule abholen. Aber dann fing er doch wieder an mit der Mama zu streiten und Paul machte sich ganz schnell wieder gefühllos. Und dann machte er sich vorsichtshalber schon gleich gefühllos, wenn er den Papa nur sah. Dann spürte er nämlich diese schreckliche Angst nicht mehr und das war gut so. Und wenn er in der Schule Krach mit seiner Lehrerin bekam, machte Paul sich auch gefühllos. Aber wenn er Streit mit seinen Mitschülern hatte, boxte er genau wie sein Vater. Dann bekamen endlich mal die anderen diese schlimme Angst.“

Diese Geschichte könnte auch mit Tierfiguren „vorgespielt“ werden. Dabei könnte das Kind für jede Person der Familie ein Tier wählen und zum Schluss vielleicht ein „ideales Ende“ entwickeln. Ebenso könnten Zeichnungen die Geschichte zugleich illustrieren und zu einem distanzierten Erleben beitragen. Alle Formen führen zum kontrollierten Einsortieren des Erlebten und damit zu Integration in die eigene Geschichte des Kindes. Wenn ein Kind sich nicht nur an Fragmente von schrecklichen Ereignissen erinnert, sondern die gesamte Geschichte mit einem Anfang, einem Ende und einem bedrohlichen Höhepunkt versteht und „begreift“, die Fragmente einordnen kann und dabei noch eine verständliche Erklärung für eigene Gedanken und Verhaltensweisen (hier: Dissoziation als Selbstschutz, Identifikation mit der Mutter und Identifikation mit dem Vater) erhält, kann das Erlebte als vergangener Teil des Lebens in das Gedächtnis „abgelegt“ werden. Bleiben jedoch Teile der Angst erzeugenden Vergangenheit durch stetige Wiederholung Teile des Alltags, wird sich die Symptomatik beim Kind als Antwort auf Bedrohung und Angst nicht verändern. Deshalb muss immer wieder entschieden werden, ob im Falle einer Trennung die Kontakte zum Vater für einen Zeitraum der emotionalen Beruhigung und gleichzeitig stattfindende therapeutische Interventionen unterbrochen werden sollten.

Nach der Trennung: Umgangskontakte der Kinder mit Tätern

Es ist nach einer Trennung der Eltern bei stattfindendem Umgang nicht nur erforderlich, die körperliche und emotionale Sicherheit von Mutter und Kind zu gewährleisten, wie es z. B. durch begleitete Kontakte geschieht, sondern es ist darüber hinaus von entscheidender Bedeutung, ob der Vater sein Verhalten verändert und die Verantwortung für die von ihm ausgehende Gewalt übernimmt. Dazu gehört, wie bereits erwähnt, dass er bereit ist, über seine Taten zu sprechen, seine Verantwortung dafür zu benennen und zu bereuen. Wird diese für eine psychologische Sicherheit erforderliche Bedingung außer Acht gelassen, kann für das Kind Verwirrung über die eigene Gefühlslage entstehen.

In einer Untersuchung mit Kindern von hoch konflikthaft getrennten Eltern, die im Alter zwischen 12 und 20 Monaten Kontakte mit Übernachtungen bei den Vätern hatten, zeigte sich, dass diese Kinder kaum ein sicheres Bindungsmodell entwickelten. Sie entwickelten vor allem dann ein desorganisiertes Bindungsmodell, wenn die elterlichen Konflikte zusätzlich auch nach der Trennung andauerten und geringe Kommunikation stattfand (Solomon u. George 2011).

Gerichtlich angeordnete Umgänge dienen in solchen Situationen der Verleugnung des Furchtbaren, der Rehabilitation der gewalttätigen Elternteile und der Verleugnung der Gefühlslage des

Kindes. Zunächst wird dem Kind suggeriert, die gefährliche Situation wäre vorüber, obwohl es die Angst der Mutter vor einer Begegnung mit dem Vater spürt. So kommt es selbst in Kontexten mit einem Näherungsverbot des Täters dazu, dass ihm als Vater, „der ja dem Kind nie etwas angetan hat", das Recht auf Kontakt eingeräumt wird. Auf diese Weise wird der gewalttätige Vater von seinem Vergehen freigesprochen. Hätte er einen Fremden angegriffen und verprügelt, hätte er eine Haftstrafe zu erwarten und könnte keinen Kontakt zu seinem Kind haben. Zum dritten wird die Gefühlslage des Kindes ignoriert, diese hochexplosive Mischung aus Loyalität gegenüber der geschlagenen Mutter, Bewunderung des mächtigen Vaters und Verwirrung über widersprüchliche Erwartungen an das Kind aus der Umgebung der Mutter, dem Umfeld des Vaters und den eigenen sozialen Kontexten, wie z. B. in der Schule.

Unter Druck erzielte vordergründige Einigungen der Eltern im Gerichtsverfahren schaden meist dem Kind, weil der Konsens nicht tragfähig ist und alte oder neue Konflikte wieder aufbrechen. Der Gewalt ausübende Elternteil wird im Allgemeinen die Beteiligung und Schädigung der Kinder ausblenden oder bagatellisieren, der andere Elternteil aus Gründen der Angst, Einschüchterung oder Bedrohung vor Gericht oder bei einer Beratung nicht über das volle Ausmaß der Gewalt berichten und in welchem Maße das Kind betroffen war. Das Hinwirken auf ein Einvernehmen (§ 156 FamFG) ist nach einer Arbeitshilfe des Bundesministeriums für Familie, Senioren, Frauen und Jugend in Form von Mediation oder einigungsorientierter Beratung in Fällen häuslicher Gewalt fragwürdig, weil sie nicht auf gleicher Augenhöhe stattfinden kann (2011).

Kinder, die mit gewalttätigen Vätern Kontakt haben und in der Erziehungsberatung vorgestellt werden, zeigen nach Kontakten entweder intensive aggressive Verhaltensweisen oder sind eher verschlossen in sich gekehrt, wie emotional erstarrt. Nicht wenige fallen wegen psychosomatischer Kopf- oder Magenschmerzen auf. Diese Symptome dauern oft auch noch Tage nach den Kontakten an. Zusätzlich gerät das Kind in Zustände, in denen es sich nicht wie üblich benimmt. Es gerät in „Täter-States", d. h. es benimmt sich wie der Täter oder in „Opfer-States“, d. h. es benimmt sich wie das Opfer. Besonders schwierig gestaltet sich die Aufgabe in der Erziehungsberatung, wenn aus fachlicher Einschätzung eine Kontaktunterbrechung gegenüber dem Vater angemessen erscheint, das Kind selbst aber andere Wünsche formuliert.

Dann erleben Mütter, Berater oder Umgangsbegleiter Kinder, die dem ehemals gewalttätigen Vater in die Arme springen und sich scheinbar uneingeschränkt über den stattfindenden Kontakt freuen. In der Begegnung mit Kolleginnen und Kollegen aus Einrichtungen der Jugendhilfe, die den sogenannten Begleiteten Umgang durchführen, werden immer wieder bestimmte, im ersten Eindruck verwirrende Fallkonstellationen geschildert. Der umgangssuchende Elternteil ist nachweislich schwer aggressiv tätlich gegen das Kind gewesen bzw. gegenüber der Mutter – was wesentlich häufiger der Fall ist. Und trotzdem werden freundliche, wenn nicht gar glückliche Kinder beobachtet, die diesem Elternteil strahlend entgegeneilen, sich ihm womöglich auf den Schoß setzen oder ihm um den Hals fallen und deutlich ihre Freude zum Ausdruck bringen, mit ihm zusammen sein zu können. Vergessen Kinder so leicht? Handelt es sich um unbeschwerte und kostbare Eltern-Kind-Bindungen, die gepflegt werden müssen?

Instinktive Täuschung

Die vom Kind erwarteten abgrenzenden Signale auf verbaler und körpersprachlicher Ebene im Kontakt zum gewalttätigen Elternteil werden nicht gezeigt. Somit wird es nicht mehr als Gewaltopfer, sondern als Opfer des Rosenkrieges seiner Eltern angesehen. Dementsprechend werden Umgänge angeordnet, die früher oder später unbegleitet und oft genug über Nacht oder während der Ferien zeitlich ausgeweitet werden. Derjenige Elternteil, bei dem das Kind lebt und der gegen eine solche Umgangsregelung geklagt hat, wird nicht selten seitens des Familiengerichtes mit Entzug des Sorgerechtes oder gar Entzug des Kindes bedroht.

Dorothea Weinberg fügt den bekannten Traumareaktionen eine weitere hinzu, die Reaktion der instinktiven Täuschung (Weinberg u. Korittko 2013). Bei traumatisierten Kindern wird die Schutzreaktion der Täuschung bei gravierendem Erleben von Einsamkeit und Ausgeliefertsein genutzt, wenn es nämlich darauf ankommt, ganz alleine klar kommen zu müssen und keine Hilfe erwarten zu können. Und damit geht tragischer Weise auch eine Aufrechterhaltung der schädigenden Situation einher.

Instinktive Täuschung zeigt sich bei Kindern in der Rolle des kooperativen und „glücklichen" Opfers oder zum Beispiel auch in der überangepassten Rolle des „perfekt erzogenen" hyperbraven Kindes. Sie ist niemals Schauspielerei, Lüge oder bewusste Manipulation, sie unterliegt weder dem Willen noch der bewussten Wahrnehmung und Steuerung. Sie dient dem Aufbau und dem Erhalt eines Platzes im Herzen des mächtigsten, wichtigsten und zugleich gefährlichsten Menschen, von dem das Kind abhängt. Die instinktiv gesteuerte Befriedung des Täters bzw. der Täterin bewirkt auch eine traumatische Bindung. Der Bindungsexperte Karl Heinz Brisch spricht ja in diesem Zusammenhang sogar von einer pathologischen Bindung (1999, 2008), in der zugunsten der physischen Existenz und der sozial eingebundenen Existenz auf andere wesentlich Grundbedürfnisse verzichtet wird: auf körperliche Intaktheit, Schmerzfreiheit und Unversehrtheit der Grenzen, auch auf kongruenten emotionalem Ausdruck und schließlich auf emotionale Kongruenz selbst. Denn das instinktive Täuschungsverhalten ist fast immer auch Selbsttäuschung. Dieses Verhalten ist nicht Ausdruck echter Zuneigung oder Liebe, sondern entsteht als Beschwichtigung infolge von Angst. Es kann bei Opfern einer Geiselnahme oder Entführung (so genanntes „Stockholm-Syndrom") geschehen, oder bei Gewaltopfern in Paarbeziehungen und zwischen Eltern und Kindern.

Was ist zu tun?

Ergänzend zu generellen Überlegungen muss eine mögliche Kindeswohlgefährdung durch Umgangskontakte im konkreten Einzelfall geprüft werden. Ein wesentliches Kriterium ist das Verhalten des Kindes vor und nach dem Kontakt, nicht während des Kontaktes. Nach dem Kontakt gezeigtes Kampf- oder Fluchtverhalten mit hoher körperlicher Übererregung oder besonders intensives dissoziatives Verhalten (Untererregung zusammen mit deutlich reduzierter Ansprechbarkeit) kann deutliche Hinweise auf erheblichen Stress während des Kontaktes geben. Hier geht es nicht um die zu erwartenden Schwierigkeiten für das Kind, die durch den Wechsel von einem Elternteil zum anderen entstehen. Sondern es geht um die Frage, ob das Kind nach dem Kontakt über einen längeren Zeitraum besonders aggressives oder dissoziatives Verhalten zeigt. Günstig ist es, nicht nur die Aussagen der ständig anwesenden Bezugsperson, meist die Mutter, zu werten, sondern auch Lehrerinnen oder Kita-Erzieherinnen zu befragen.

Merke:

Stress-Signale des Kindes können auch ein Zeichen dafür sein, dass die erforderlichen Standards für einen verträglichen Kontakt nicht eingehalten worden sind:

- Verlässlichkeit und Regelmäßigkeit
- Einhalten von Versprechen
- aufmerksame und freundliche Zuwendung zum Kind
- kindgerechte Aktivitäten
- gutes Vorbild in Verhalten und Sprache
- keinen Körperkontakt gegen den Willen des Kindes
- keine Beeinflussung des Kindes gegen den anderen Elternteil
- kein Konsum von Alkohol oder Drogen vor und während des Kontaktes.

Voraussetzung von Beziehung und Bindung ist nicht biologische Elternschaft, sondern die Entwicklung einer Bindungsbeziehung durch feinfühlige Interaktionserfahrung. Unter Umständen benötigen umgangsbegehrende Eltern Beratung, wie sie ihre Kontakte angemessen gestalten können.

Auch die geäußerten Wünsche der Kinder müssen in die weiteren Überlegungen einbezogen werden. Wünscht das Kind erneute Kontakte? Für sich selbst oder weil es dem Elternteil dann besser geht? Stimmen die geäußerten Wünsche mit dem Verhalten des Kindes überein? Leidet das Kind danach unter Alpträumen, Angst- und Panikzuständen oder psychosomatischen Symptomen (Bauch- oder Kopfschmerzen)? Ist dies eine Folge davon, dass das Kind durch die Anwesenheit des ehemals gewalttätigen oder vernachlässigenden Elternteils „angetriggert" wird und die gleiche Angst und Hilflosigkeit erlebt, wie damals? Verändert sich dies, wenn die Rahmenbedingungen verändert werden? Kann das Kind sich anders verhalten, wenn eine vertraute sichere Bindungsperson permanent anwesend ist? Gerät das Kind weniger unter Stress, wenn die Dauer des Kontaktes verringert wird?

Regelmäßige Kontakte zu beiden Eltern stärken das Selbstwertgefühl des Kindes und unterstützen seine Identitätsfindung. Die Kontakte sollten am Alter des Kindes orientiert sein an seinem seelischen Entwicklungsstand und an seinem seelischen Nutzen für das Kind. Wenn traumatische Erfahrungen aber immer wieder durch diese Begegnungen in Erinnerung gerufen werden und zu schwer zu steuernden affektiven Überschwemmungen von Ohnmacht und Angst führen, ist der Nutzen gering.

Kontaktunterbrechungen

Der Experte für Gewaltkontexte und Sachverständige an Familiengerichten Heinz Kindler geht davon aus, dass bei selbstbezogenen und emotional instabilen Vätern, denen es nicht gelingt, die Treffen mit den Kindern kindgerecht zu gestalten, die gewaltbedingten

Belastungen der Kinder zu erkennen und dafür die Verantwortung zu übernehmen, der Kontakt zu den Kindern auszuschließen ist (Kindler 2010).

Das OLG Köln hat einen Beschluss gefasst, in dem es um die Umgangsgestaltung eines Vaters mit seinen Kindern ging, der zuvor in schwerer Form häusliche Gewalt gegen die Mutter ausgeübt hatte, die die Kinder miterlebten. Die Entscheidung ist mit folgenden Leitsätzen veröffentlicht worden (Zeitschrift für Familienrecht, 2011)[4]:

1. In Fällen schwerer „häuslicher Gewalt" und hierdurch schwer traumatisierter die Gewalt miterlebender Kinder ist es gemäß §§ 1666, 1666a BGB unter dem Gesichtspunkt der Kindeswohlgefährdung gerechtfertigt, das Umgangsrecht auf briefliche Kontakte und evtl. Bildinformationen zu beschränken.
2. Für die psychische Gefährdung der traumatisierten Kinder im Falle der Konfrontation mit dem Kindesvater bedarf es keines gesonderten Sachverständigen-Gutachtens wenn sich das Gericht auf andere Weise sachkundig von der Kindeswohlgefährdung überzeugen kann.

In der Arbeitshilfe des Bundesministeriums für Familie, Senioren, Frauen und Jugend (2011) betonen die Autoren die unbedingte Orientierung am Kindeswohl in jedem Fall. „In Fällen häuslicher Gewalt ist sorgfältig der Ausschluss des Umgangsrechts zu prüfen" (S. 20). Dies käme bei Gewaltandrohungen, körperlicher Gewalt, Entführung, angedrohter oder versuchter Ermordung, aber auch beim Umgang gegen den Willen des Kindes in Betracht.

Das Bundesverfassungsgericht hat klargestellt, dass eine Gefährdung der Mutter beim Umgang des Vaters mit dem Kind einer

4 OLG Köln (4 UF 183/10), Zeitschrift für Familienrecht, Heft 7/2011, S. 71

Kindeswohlgefährdung entspricht und der Durchführung des Umgangs entgegenstehen kann.[5]

Es wird deutlich, dass unterschiedliche staatliche Organe sich die Haltung zu eigen gemacht haben, das Umgangsrecht der Väter gegenüber ihren Kindern nicht mehr unabhängig von dem Wohlverhalten gegenüber den Müttern vor und nach der Trennung zu bewerten. Dieses sind Schritte in die Richtung, Umgang nicht um jeden Preis zuzulassen. Die Grundlagen für individuelle Entscheidungen zum jeweiligen Fall sind damit durch ein wichtiges Kriterium ergänzt.

Kohärenz

Es ist bekannt, dass viele Kinder, die unter schwierigsten Bedingungen aufwuchsen, ausreichend Widerstandskraft entwickelt haben, um trotzdem einen guten Lebensweg zu gehen. Nicht alle Kinder, die Gewalt in ihrer Familie erleben, werden ihr Leben lang mit schweren Trauma-Folgestörungen zu kämpfen haben. Wenn Kinder Hilfe bekommen, entwickeln sie möglicherweise das, was Aaron Antonovsky Kohärenz nennt und was dazu verhelfen kann, trotz Traumatisierung psychische Gesundheit zu erlangen. Die Kohärenz, nämlich die Überzeugung, dass ein Großteil der Erfahrungen und Ereignisse des Lebens verstehbar sind, dass das eigene Leben handhabbar und kontrollierbar ist und dass das eigene Leben bedeutsam ist (Antonovsky u. Franke 1997), kann zwar durch die miterlebte Gewalt erschüttert werden, doch durch die in diesem Kapitel erläuterten Interventionen wahrscheinlich wieder neu entstehen.

Durch Zuwendung von feinfühligen Bezugspersonen erfährt das traumatisierte Kind äußere Sicherheit und ein Gefühl von Zugehörigkeit. Durch Erklärungen der erlebten Gewalt und eine

5 Bundesverfassungsgericht, 2. Kammer des ersten Senats, Beschluss vom 13.12.2012 – 1 BvG 1766/12

angemessene Bewertung kann das traumatisierte Kind seine Erfahrungen und Erlebnisse verstehen und als vergangen einordnen. Durch Kontakte ohne Angst kann das traumatisierte Kind eine Balance zwischen emotionaler Belastung und emotionaler Beruhigung und damit eine Form von Handhabbarkeit erleben. Und dadurch, dass das traumatisierte Kind mit seinen Gefühlen bei Entscheidungen ernst genommen wird, erlebt es seine eigene Bedeutsamkeit.

Individuelle psychische Gesundheit kann nicht von gesellschaftlichen Prozessen abgekoppelt werden. Solange soziale Lebensbedingungen einen Nährboden für Feindseligkeiten, Entwertungen und Gewaltbereitschaft bieten, werden Heilungsprozesse nur dort stattfinden, wo Menschen ausreichend Schutz und Sicherheit erfahren und eine Rehabilitation ihrer eigenen Kräfte erleben können. Erziehungsberatungsstellen gewähren traditionell diesen Schutzraum für die Seele und werden das auch weiterhin tun, weil sie nicht die Beseitigung von einzelnen Symptomen als ihre Aufgabe betrachten, sondern in einem ganzheitlichen Ansatz Eltern, Kinder und Jugendliche gemeinsam darin stärken wollen, sich gegenüber Ausgrenzung, Missachtung, Erniedrigungen, Bedrohungen, emotionaler Kälte und körperlicher Gewalt zu behaupten.

Elterncoaching in Familien, in denen die Eltern misshandelt werden

In diesem Abschnitt geht es um Kinder und Jugendliche, die ihre Eltern schlagen, sie körperlich verletzen und demütigen. Misshandlung von Eltern durch ihre Kinder, meist sind es Teenager, ist ein noch wenig beachtetes Forschungsgebiet. Das so genannte „parent battering" kommt vermutlich genauso oft vor, wie andere Formen von innerfamiliärer Gewalt, ist aber ein gut gehütetes Geheimnis. Die Not der geschlagenen Eltern und die Not der heranwachsenden Kinder, die sich ihren Eltern gegenüber nur noch schlagend äußern können, ist oft hinter einer Mauer des Schweigens verborgen, obwohl alle leiden. Wir kennen in der Psychotraumatologie nicht nur das Leiden der Opfer, sondern auch den psychischen Prozess der Traumatisierung durch eigene Taten: Menschen werden die Bilder dessen, was sie angerichtet haben, nicht mehr los. Es geht also um einen zweifachen Prozess von Traumadynamik.

Elternmisshandlung kann als ein Geschehen beschrieben werden, innerhalb dessen Jugendliche mehr und mehr absichtsvoll versuchen, durch physische Gewalt (Schlagen) und psychische Gewalt (Drohen, Erpressen, Entwerten) den Eltern Schaden zuzufügen und Macht und Kontrolle über sie zu gewinnen. Es ist eine extreme Form von Beziehungsstörung.

> „Die Dunkelziffer im Hinblick auf körperliche Übergriffe ist sehr hoch. Vertrauter sind den meisten Therapeutinnen und Therapeuten Berichte von Eltern, dass ihre Kinder ihnen drohen, sie zu verletzen oder sie umzubringen, und dass sie diese Drohungen so ernst nehmen, dass sie nicht mehr schlafen können. Andere Kinder fordern von ihren Eltern finanzielle Dinge oder Handlungen, von denen sie wissen, dass die Eltern sie nicht erfüllen können. Wieder andere beschimpfen ihre Eltern mit den gröbsten Schimpfworten, äußern, dass sie sie hassen, oder kritisieren ihre Eltern mit einem Ton sarkastischer Überlegenheit. Schließlich gibt es Kinder, die ihren Eltern Wertgegenstände entwenden und sie verkaufen oder damit drohen, wertvolle Gegenstände zu zerstören." (Rotthaus 2006, S. 233)

Einige gewalttätige Jugendliche sind als kleine Kinder selbst Opfer von körperlicher Gewalt, sexueller Gewalt, Vernachlässigung oder emotionalen Missbrauchs gewesen und lassen ihre Wut darüber an den Eltern aus. Selbst zu Misshandlern zu werden, führt dazu, etwas von der verlorenen Kontrolle zurückzugewinnen. Mütter und Stiefmütter werden nach Barbara Cottrell (2002) am meisten misshandelt, auch weil sie als einzige erreichbar sind. Armut ist ein zusätzlicher Risikofaktor; der Stress, mit geringen materiellen Mitteln auskommen zu müssen. Auch Überbeschäftigung der Eltern kann zu Problemen führen, wenn nicht genug Zeit für dic Familie vorhanden ist. In Gewaltfamilien zeigen die Jugendlichen ihre Verachtung gegenüber den unterwürfigen Müttern und imitieren das gewalttätige Verhalten der Männer.

Kontexte von Gewalt gegenüber Eltern

Wilhelm Rotthaus sieht einen familiären Beziehungskontext, in dem eine Neigung der Eltern besteht, die Gewalt seitens der Kinder zu verleugnen, zu verschleiern oder zu entschuldigen. Die Illusion der harmonischen Familie soll aufrecht erhalten bleiben. In der Familie herrsche eine Verkehrung der familiären Hierarchie. Weder Mutter noch Vater nähmen lange Zeit die elterliche Verantwortlichkeit wahr, sie wollen beste Freundin oder bester Freund des Kindes sein, während sich das Kind in einer Überforderungsposition sieht, Entscheidungen treffen zu müssen, die es altersbedingt noch nicht treffen kann. So gesehen könnten die Gewalthandlungen als Ausdruck von kontinuierlicher Stressbelastung verstanden werden. Rotthaus sieht auch einen gesellschaftlichen Wandel, in dem sich bei den Eltern Erziehungsunsicherheit und Erziehungsrückzug entwickelt haben, bei dem gleichzeitigen Wunsch, die Kinder durch vielerlei Dienstleistungen glücklich zu machen. Wenn dann zu Beginn des zweiten Lebensjahrzehnts Erziehung einsetzt, akzeptieren die Kinder die manchmal damit einhergehenden Einschränkungen nicht mehr. Als zusätzliche Komponenten tragen auch die Rollenumkehr im Sinne eines schon früher postulierten „Verschwindens der Kindheit“ und eine derzeit vielfach wahrzunehmenden „Infantilisierung der Erwachsenen“ zur Auflösung von innerfamiliären Hierarchien bei (Rotthaus a. a. O.).

Die Vermutung, dass Eltern, die misshandelt werden, einen autoritären Erziehungsstil praktiziert haben, stimmt nicht immer. In Untersuchungen haben sich einige als sehr autoritär gezeigt. Die Jugendlichen beginnen dann, sich vor den Schlägen der Eltern zu schützen und sich gegen sie aufzulehnen. Wenn ein eher antiautoritärer Erziehungsstil verfolgt wurde, führte es zu Teenagergewalt, wenn die Eltern ihre Position als Verantwortliche und Schützende nicht eingenommen haben. Eine dritte Gruppe von misshandelten Eltern ist geistig behindert oder psychisch beeinträchtigt. Die Kinder übernehmen die Versorgung der Eltern, entwickeln gleichzeitig große Abneigung gegen sie. Gleich um welche Ursache es sich handelt, ob als Auflehnen gegen autoritäre Erziehung, ob als Ergebnis besonders sanfter Erziehung oder im Kontext von Einschränkungen bei den Eltern, alle Erwachsenen haben eine verinnerlichte Haltung entwickelt, die Karl Heinz Pleyer „erlernte Hilflosigkeit" nennt. In einem systemischen Prozess fördert Unterfunktion Überfunktion und Überfunktion fördert Unterfunktion. Zunehmende Hilflosigkeit verstärkt Gewalt und zunehmende Gewalt verstärkt Hilflosigkeit (Korittko u. Pleyer 2010).

Gertrud Ennulat beschreibt Prozesse von Scham und Isolation bei betroffenen Eltern. „Geschlagene Eltern werden mit ihrer Scham konfrontiert, weil sie ihrem bisherigen Selbstbild als gute Eltern nicht mehr entsprechen. Das sind schwer zu verdauende Brocken. Jetzt wird auch verständlich, warum diese Familien die Schotten dichtmachen. Eine Schande ist das! Wer zum Opfer aggressiver Übergriffe von Sohn oder Tochter wird, ist froh, wenn er ungefragt oder ungesehen von der Öffentlichkeit in die Wohnung kommt. Aber auch die hat sich verändert. Sie ist nicht länger ein Ort des Schutzes und der Behaglichkeit" (Ennulat, 2010). Bei den betroffenen Kindern und Jugendlichen sieht sie ein Vermissen von Sicherheit und Halt bei ihren als sehr schwach erlebten Eltern. Dies vermindert ihre eigene Stabilität und hindert sie daran, sich selbst okay zu fühlen. Sie verbrauchen enorm viel seelische Energie, um diese Diskrepanz auszugleichen. Irgendwann ist der Punkt erreicht, an dem sie diese beiderseitige Hilflosigkeit nicht mehr aushalten können, es hilft nur noch Draufschlagen.

Trennung als Lösung?

Eine „einfache“ Lösung des Konfliktes mit gewalttätigen Jugendlichen wäre die außerfamiliäre Unterbringung der/des Jugendlichen. Dies würde allerdings die Situation der Eltern, die zwischen Angst, Wut, Depression und Selbstanklagen hin und her schwanken, nicht verändern. Sie fühlen sich hoffnungslos und hilflos, sie geraten in Streit darüber, wie ihr Kind am besten zu disziplinieren sei. Gleichwohl halten die meisten Eltern eine längerfristige Fremdunterbringung nicht aus und holen ihr Kind schnell wieder zurück. Auch die Kinder wollen zurück und tun alles dafür. Bei jugendlicher Gewalt scheint eine monokausale Ursachenzuschreibung im Sinne einer alleinigen Verantwortungszuschreibung bei den Jugendlichen ja auch unangemessen. Individuelle, familiäre und gesellschaftliche Faktoren sind miteinander verwoben. Der Einfluss von schroffen Kommunikationsstilen, die in den Medien verbreitet werden, trägt auch dazu bei, besonders aggressive Handlungen akzeptabel erscheinen zu lassen.

> „Aggression und Gewalt dringen in den letzten Winkel unseres Lebens ein. So sind körperliche, emotionale oder verbale Misshandlungen in manchen Familien und Gemeinschaften inzwischen eine gebilligte und gebräuchliche Form der Kommunikation geworden“ (Cottrell a.a.O. S. 220).

Es sind einige Ansätze entwickelt worden, in denen davon ausgegangen wird, dass es erforderlich ist, diese Form von Beziehungsstörung beim Namen zu nennen und die Eltern zu ermächtigen, die Misshandlung zu stoppen. Der Rat, im Gefahrenfall die Polizei zu verständigen, verstärkt unter Umständen die elterliche Ohnmacht oder untergräbt die Autorität der Eltern. Zusätzlich reagieren die Jugendlichen nur noch gereizter. Als Möglichkeit des Selbstschutzes muss ein solcher Hilferuf in extremer Bedrohung genutzt werden. Wenn Eltern ihre Führungsrolle mit schärferen Grenzen und härteren Regeln durchsetzen wollen, droht allerdings eine Eskalation.

Eltern zeigen Präsenz

Eine andere Strategie verfolgt das Modell der „Elterlichen Präsenz" (Omer u. von Schlippe 2002, 2004, Oleffs 2017) und das der „Wachsamen Sorge" (Omer 2015). Die Eltern bekommen ein intensives Coaching, damit sie ihr Schweigen beenden und innerhalb eines Unterstützersystems Öffentlichkeit herstellen. Sie lernen, dem Jugendlichen zu vermitteln, dass sie die bisherigen Verhaltensweisen nicht mehr so hinnehmen wie bisher, dabei jedoch nicht vorhaben, ihr Kind zu dominieren oder zu besiegen, sondern eine bessere Kooperation anstreben. Die Eltern brauchen eine gute Begleitung, einen langen Atem und die Bereitschaft, ihr Leben grundlegend zu verändern. Eine Intervention ist als friedliches „Sit-in" der Eltern vor der Zimmertür ihres Kindes bekannt geworden. Solche Sit-ins können auch mit Verwandten oder Freunden der Eltern gemeinsam durchgeführt werden. Der Erfolg dieser Interventionen liegt nicht nur im Schutz der Eltern vor weiteren Übergriffen, sondern auch im Schutz der Jugendlichen vor ihren eigenen ungesteuerten Impulsen und gefährlichem Verhalten außerhalb des Elternhauses.

> „Forschungsergebnisse haben wiederholt bewiesen, dass mit Hilfe der elterlichen Begleitung Kinder weniger Bedrohungen ausgesetzt sind, Versuchungen besser widerstehen können und der Schaden möglicher Fehltritte minimiert wird. Eltern müssen nur daran festhalten, dass das Leben ihres Kindes ihr Belang ist, und es als ihre Pflicht ansehen, zu wissen, was sich im Leben des Kindes abspielt." (Omer 2015, S.12)

Ein gewalttätiger und gegenüber seiner Mutter erpresserischer Jugendlicher sah sich mit der Mutter und 25 Familienangehörigen konfrontiert, als er von der Schule nach Hause kam. Alle Familienmitglieder sprachen freundlich aber bestimmt darüber, dass das Verhalten des Jugendlichen nicht länger akzeptabel sei. Ein Bruder der Mutter zog vorübergehend bei ihr ein. Beide Aktionen führten nach längerem Hin und Her zu einer Veränderung des Jugendlichen. Der Onkel wurde längerfristig zum Mentor für den Neffen.

Auf Provokationen wird mit ungewohntem Verhalten reagiert, z. B. Schweigen (statt Schimpfen) oder mit anderen Formen des gewaltlosen Widerstands. Nicht die Macht ist das Entscheidende, sondern die elterliche Präsenz. Es werden Lösungen gesucht, bei denen sich das Kind weder gedemütigt noch besiegt fühlt. Unverzichtbare Rahmenbedingungen sind Gesten der Wertschätzung und Liebe der Eltern gegenüber den Kindern. Kleine Angebote der Annäherung als „Gesten der Versöhnung" schaffen eine Atmosphäre von positiver Interaktion und sollten nicht an das Wohlverhalten des Kindes gekoppelt werden (ausführlicher bei Omer u. von Schlippe 2004).

In einer Familie setzten sich die Eltern abwechselnd mit einem Sessel vor die Eingangstür des Zimmers ihrer 13-jährigen Tochter. Sie wollten verhindern, dass die Tochter sich aus der Wohnung schlich und sich spätabends und nachts in einer Diskothek aufhielt. Auf den Tisch im Zimmer des Mädchens hatten sie ihren Lieblingskuchen hingestellt. Die Verblüffung des Mädchens und die Hartnäckigkeit der Eltern führten zu Gesprächen und zu einem veränderten Verhalten. In einer anderen Familie tauchten die Eltern spätnachts in der Diskothek auf, in der sich die minderjährige Tochter unerlaubterweise aufhielt. Die Eltern riefen den Namen der Tochter über das Mikrophon des Diskjockeys aus und baten sie, mit nach Hause zu kommen, da die Zeit schon lange vorüber sei, zu der sie sich dort aufhalten dürfe. Die für das Mädchen enorm peinliche Situation stellte den ersten Schritt zu elterlicher Präsenz und zu einer Verhaltensveränderung des Mädchens dar.

Wie auch immer die momentane Situation von jugendlicher Gewalt entstanden ist, alle misshandelten Eltern benötigen Unterstützung darin, die fürsorgliche und strukturierende Rolle in ihrer Familie wieder zu übernehmen. Und manche brauchen Hilfe, sich von dem Kind, das sie misshandelt, vorübergehend zu trennen. Grundvoraussetzung jeglicher Hilfestellung ist eine nicht beschuldigende Haltung gegenüber den Eltern und Kindern. Dann können Eltern auch in Zeiten einer therapeutisch-pädagogisch begleiteten Trennung lernen, das Verhalten des Kindes abzulehnen, dem Kind jedoch gleichzeitig mit Respekt und Anerkennung zu begegnen. Der Traum von der heilen Familie ist vorüber, aber aus jedem Scherbenhaufen kann ein Neuanfang werden.

Vernachlässigungsfamilien

Etwa zwei Drittel aller Fälle, in denen das Kindeswohl gefährdet ist, sind Fälle von Vernachlässigung. Sie kann lebensbedrohlich sein, verläuft in den meisten Familien schleichend: eine andauernde und wiederholte Unterlassung fürsorglichen Handelns durch sorgeverantwortliche Personen. In der Mehrzahl der Familien kann über ambulante Hilfen eine gute Entwicklung der Kinder ermöglicht werden, wenn sie rechtzeitig einsetzt.

> „Die Lebensrealität vernachlässigter Kinder ist von chronischer Unterernährung, unzulänglicher Bekleidung, mangelnder Versorgung und Pflege, fehlender Gesundheitsvorsorge, unbehandelter Krankheiten und gesteigerter Unfallgefahren geprägt. Diese Kinder werden ohne die notwendige Versorgung, Betreuung und Anregung allein gelassen." (Deutscher Kinderschutzbund, 2012, S. 11)

Vernachlässigende Eltern haben häufig in der eigenen Kindheit Beziehungsabbrüche, ausgeprägte Mangelerfahrungen und Fremdunterbringungen erlebt. Sie können nicht an die nächste Generation weitergeben, was sie selbst nie erlebten. Eigene Deprivationserfahrungen haben zu leicht auszulösenden Gefühlen von Trauer und Niedergeschlagenheit, zu hoher Impulsivität und zu Bereitschaft von problemvermeidendem Verhalten geführt. Kognitive Beeinträchtigungen und/oder fehlendes Mitgefühl können neben depressiven Störungen und Suchtproblematik außerdem wirksam werden. Weitere Risiko-Faktoren können sein:

- Kinder, die nur schwache Signale aussenden, wenn sie Unterstützung benötigen. Betreuungspersonen sind dann nicht in

der Lage, das Fürsorgebedürfnis des Kindes und seine Selbsthilfepotenziale klar voneinander zu unterscheiden.
- Fehlende Unterstützung innerhalb und außerhalb der Familie, vor allem wenn die Eltern mehrere Kinder haben oder allein erziehend sind. Es fällt den Eltern schwer, Hilfe zu suchen.
- Anhaltende familiäre Armut, die es erschwert, die Grundversorgung der Familie sicher zu stellen.

Je mehr dieser Risikofakten in einer Familie auftreten, desto wahrscheinlicher wird eine chronische Vernachlässigung von Kindern. Sie kann die körperliche, emotionale und kognitive Entwicklung erheblich beeinträchtigen, je nach Schwere und Dauer des Vernachlässigungsgeschehens. In besonders ungünstigen Lebensumständen kommt es neben vernachlässigendem Verhalten auch zu Misshandlungen.

Man kann also wieder einmal von cotraumatischen Prozessen sprechen. Die durch traumatische Erfahrungen der Eltern entstandenen Empathie-Defizite führen dazu, dass die Bedürfnisse der Kinder nicht erkannt oder nicht angemessen befriedigt werden. Die Stressbewältigung der Erwachsenen führt zu Stresserfahrungen der Kinder. Ein systemischer Ansatz, der alle Familienmitglieder und Hilfssysteme im Blick hat, ist hilfreicher, als ein am vernachlässigten Kind ausgerichteter Rettungsansatz. Zusätzlich sind co-traumatische Prozesse zwischen der betroffenen Familie und dem Helfersystem möglich, die aufseiten der Helfer zu einer Mitgefühlserschöpfung führen können. Hier kann systemübergreifende Kooperation dazu führen, im „Meer des Elends“ nicht selbst baden zu gehen.

Gefährdungseinschätzung

Ungünstiges Elternverhalten für einen kurzen Zeitraum kann von Kindern kompensiert werden, wenn beispielsweise während eines Trennungs- oder Scheidungsgeschehens die Interessen der Kinder kurzfristig aus dem Fokus geraten. Konstantes „poor parenting“ muss als Kindeswohlgefährdung betrachtet werden Je früher Formen der Vernachlässigung erkannt werden, desto eher bietet sich eine Chance, nicht erst zum Zeitpunkt einer akuten Krise zu reagieren, wenn die Folgen bereits gravierend sind. Beate Galm und Sabine Herzig (2018) schlagen für eine erste Abklärung folgende Fragestellungen vor:

- Welchen Risiken ist ein Kind ausgesetzt?
- Welche Ressourcen stehen zur Verfügung?
- Inwieweit werden kindliche Bedürfnisse erfüllt?
- Inwieweit nehmen Eltern oder Dritte ihre Schutz- und Erziehungsaufgabe wahr (Versorgung, Bindung, Erziehung, Förderung)?
- Welche Symptome und Fehlentwicklungen liegen aufgrund der Vernachlässigung (bzw. Misshandlung) vor?

Es sind unterschiedliche Verfahren zur Gefährdungseinschätzung entwickelt worden. Häufig sind Fragebögen sehr differenziert gestaltet und mehr in einer Aufzählung der Defizite orientiert, als dass Veränderungspotential bei den Eltern ebenso differenziert erkundet wird. Ist eine Inobhutnahme erforderlich oder kann die Sicherheit des Kindes in der Familie gewährleistet werden? Während in vielen Fällen die Verweigerung von kompensatorischen Hilfen die beste Hilfe darstellt, kann in anderen Fällen eine Herausnahme des Kindes die beste Hilfe sein. Defizite und Ressourcen müssen Teile der Überlegungen sein. Wer nur Ressourcen sieht, verliert unter Umständen das Kindeswohl aus dem Blick. Wer nur Defizite sieht, depotenziert die Eltern. Für einen gelingenden Hilfeprozess ist eine empathische und sensible Kontaktaufnahme notwendig, wenn eine vertrauensvolle Zusammenarbeit gelingen soll. In einer traumaorientierten Sichtweise kann Veränderung nur durch korrigierende positive Beziehungserfahrungen gelingen.

Oft sind Eltern, die es nicht gelernt haben, in schwierigen Lebenslagen um Hilfe zu bitten, damit überfordert, ihnen fremde Institutionen aufzusuchen. Es geht ihnen besser damit, eine erste Kontaktaufnahme mit einer Fachkraft dort zu verabreden, wo sie sich ohnehin aufhalten: zu Hause, auf einem Spielplatz, im Kindergarten, zusammen mit jemandem, den sie schon kennen und dem sie vertrauen.

Neben einer klaren und empathischen Mitteilung über den Grund des Kontaktes (Unterstützung, die zu einer besseren Versorgung und Förderung der Kinder führen soll) ist ein vorwurfsfreies Gespräch über die Situation der Familie erforderlich. Neugier und Zuhören können sind erste kontaktorientierte Interventionen. Rasche Übernahme von verantwortlichem Handeln (Kinder zum Arzt bringen, Kinder zum Kindergarten oder in die Schule bringen usw.) zeigt hohe Kompetenz bei den Helfern, verstärkt allerdings das Gefühl von Inkompetenz und Wirkungslosigkeit bei den Eltern. Geduld und Interesse an der Lebenswelt der Klienten erhöht die Möglichkeit eines späteren Veränderungsprozesses. Pünktlichkeit und Zuverlässigkeit sind nicht Voraussetzung für eine gelingende Hilfe, sondern das Ziel des Hilfsprozesses.

Die Ressourcen kennenzulernen ist in den ersten Wochen von großem Vorteil. Vielleicht haben die Eltern spezielle Freizeitinteressen, bei denen sie Zuverlässigkeit und Kompetenz zeigen, die ihnen in anderen Bereichen fehlen. Vielleicht haben die Kinder innerhalb der erweiterten Familie unterstützende Beziehungen, die Defizite ausgleichen. Auch wenn die Fachkraft, die helfen will, eine professionelle Distanz zur Familie einhält, kann es vorkommen, dass sie Unpünktlichkeit, Unzuverlässigkeit, Ablehnung und ambivalente Äußerungen als speziell auf sie ausgerichtet erlebt. Wenn sie solche Verhaltensweisen als Ergebnis eines Beziehungsgeschehens interpretiert, resigniert sie unter Umständen und bricht den Kontakt ab. Doch gerade wenn sich die Klienten wenig kooperativ verhalten, ist es notwendig, dass die unterstützende Fachkraft weiterhin zuverlässig, voraussagbar und gleichbleibend Sicherheit bietet.

> „Fühlen die KlientInnen, dass sie in ihrer eigenen Unzuverlässigkeit verstanden werden und trotzdem Wertschätzung erfahren, kann dies ein wichtiger Schritt bei der Entwicklung einer positiven Beziehung sein, auf deren Basis Eltern nach und nach gefordert werden können." (Galm, 2006, 53-5)

Eltern, die ihr Verhalten in Frage gestellt sehen (oder dies befürchten) versuchen, ihr Kind als problematisch darzustellen. In dieser Sichtweise sollen sie nicht sofort abgelehnt oder zurückgewiesen werden. Hier kann ein erster Zugang für ein Gespräch über das Kind und seine Bedürfnisse entstehen. Weil sie oft selbst nicht feinfühlig versorgt wurden, wissen manche vernachlässigenden Eltern nicht, was man in welchem Alter von einem Kind erwarten kann. Sie wissen auch nicht, wie frühe Trennungen (z. B. durch einen Klinikaufenthalt) und Krisen (Krankheiten, Unfälle) Gefühle und Verhalten bei Kindern verändern kann. Dabei darf die primäre Orientierung an den Bedürfnissen des Kindes nicht verloren gehen. Selbst in der elterlichen Absicht, das Beste für ihr Kind getan zu haben, kann das Kind noch Defiziten ausgesetzt sein. Es ist erforderlich, Eltern für eine Veränderung zu gewinnen. Entsprechend ihrer Möglichkeiten werden an ihrer Lebenswelt orientierte Lösungen gesucht. Die Verlässlichkeit und Handlungssicherheit der Helfer kann in Verbindung mit einem Widerspiegeln der Ressourcen und Stärken nicht nur die aktuelle Eltern-Kind-Situation stabilisieren, sondern steht symbolisch auch für eine begrenzte Nachbeelterung der Eltern.

„Drei Jahre sind genug.“

Die erste Begegnung mit Frau Thomsen lässt mich erstaunen. Da sitzt die Mutter einer 3-jährigen Tochter vor mir und sagt: „Ich finde, ich habe mich jetzt genug aufgeopfert, jetzt sollen sich andere um das Kind kümmern. Drei Jahre sind genug.“ Jetzt sei die Tochter bei Bekannten, erfahre ich, sie würde sowieso nur nerven. Frau Thomsen beschreibt ihren Alltag. Sie lebt von Sozialhilfe, Unterhalt würde sie nicht bekommen, eigentlich weiß sie nicht, wer der Vater des Kindes ist. Wir sprechen über die Möglichkeit einer Inpflegegabe, dann würden sich ja andere Menschen um die Tochter kümmern, ohne dass der Kontakt zur Mutter verloren ginge. Diese Idee findet Frau Thomsen richtig gut.

Bei unserem nächsten Kontakt lerne ich die kleine Frauke kennen. Sie sieht sehr mager und ungepflegt aus, spricht kaum und entfernt sich keinen Augenblick von der Mutter. Frau Thomsen wirkt mit der Gesamtsituation überfordert. „Da sehen Sie ja, wie unausstehlich dieses Kind ist.“ Als ich erneut frage, ob sie wirklich möchte, dass Frauke in einer Pflegefamilie aufwächst, bestätigt sie dies. Ich stelle den Kontakt zum Pflegekinderdienst her. Doch eine Woche später erfahre ich, dass Frau Thomsen bei dem Gespräch mit der Kollegin von ihrem ursprünglichen Plan Abstand genommen hat. Sie will ihr Kind bei sich behalten. Über einen Kontakt mit dem Hausarzt gelingt es relativ schnell, eine Mutter-Kind-Kur zu organisieren. Diese Unterstützung nimmt Frau Thomsen gerne an. Bevor die Kur beginnt, kommt sie regelmäßig zu mir in die Erziehungsberatung.

Mehr und mehr gewinnt sie Vertrauen zu mir und spricht darüber, wie schwer es ihr fällt, sich um ihre Tochter zu kümmern. Jeder Besuch beim Kinderarzt sei ihr ein Grauen, immer wieder würde etwas an Frauke bemängelt. Und dass sie, die Mutter, dringend eine Pause braucht, jeden Tag. Einen Kindergartenplatz hätte sie für Frauke nicht bekommen. Ich bestätige, wie gut sie es schafft, trotz innerer Widerstände regelmäßig mit Frauke den Kinderarzt aufzusuchen. Nach einigen Telefonaten gelingt es mir, für Frauke in der Nähe des Wohnquartiers der Familie einen Kindergartenplatz zu finden. Frau Thomsen zeigt sich überglücklich. Jetzt beginnen Gespräche darüber, was Frauke braucht, um in der Kindergartengruppe gut anzukommen. Ich empfehle, dass die Mutter zunächst eine Zeit lang an den Aktivitäten in der Kindertagesstätte teilnimmt und sich dann nach und nach etwas früher von der Tochter entfernt. Frauke gewöhnt sich gut an die neue Struktur und nimmt gerne zu den Kindern Kontakt auf. In der Kindertagesstätte wird einmal in der Woche ein Elternfrühstück angeboten, an dem Frau Thomsen nach einigem Zögern teilnimmt. Nach einigen Wochen überrascht Frau Thomsen mich mit der Nachricht, dass sie nicht die geplante Kur antreten wird. Sie hat Angst vor der für sie beängstigenden Situation, in ihrem Erziehungsverhalten von fremden Menschen beobachtet zu werden.

In einem Gespräch mit der Kindergartenleiterin und Frau Thomsen stellt sich heraus, dass sich Frauke gut entwickelt hat. Sie fällt jedoch durch schmutzige Kleidung auf und dadurch, dass sie manchmal kein Frühstück in ihrer Brottasche hat. Es taucht die Idee auf, dass Frau Thomsen vielleicht eine Unterstützung in ihrer Wohnung benötigen könnte, um tagtägliche Abläufe mit Frauke effektiver zu gestalten. Nach einigem Hin und Her gelingt es schließlich für Frau Thomsen und Frauke eine Sozialpädagogische Familienhilfe (SPFH) zu installieren. Eine Sozialarbeiterin, die sich im Bereich der aufsuchenden Hilfen spezialisiert hat, kommt dreimal in der Woche für zwei Stunden zu Frau Thomsen nach Hause. Nach einer ausführlichen Beobachtungsphase wird ein Hilfeplan aufgestellt, der darüber detailliert Auskunft gibt, bei welchen Alltagsproblemen Frau Thomsen etwas von der Fachkraft lernen wird. Alle drei Monate finden Hilfeplan-Gespräche statt, an denen die SPFH, die Sozialarbeiterin des Jugendamtes, Frau Thomsen und ich teilnehmen. Nach 18 Monaten hat sich die Situation im Haushalt Thomsen erheblich verbessert.

Wie kommt es, dass Frau Thomsen all diese Dinge, die für die Versorgung und Erziehung eines Kindes erforderlich sind, nicht zur Verfügung hat? In vielen Gesprächen berichtet sie, wie sie in ihrer Kindheit misshandelt worden ist, in einem kleinen Dorf an der Nordseeküste häufig sich selbst überlassen war und bei Nachbarn um Essen gebettelt hat. So gesehen, meint sie, hätte Frauke es doch gut. Je mehr verständlich wird, mit wie wenig Ressourcen Frau Thomsen selbst aufgewachsen ist, umso deutlicher ist zu wertschätzen, wie gut sie inzwischen für ihre Tochter sorgt.

Die beraterische Begleitung von Frau Thomsen gestaltete sich nach vier Jahren weniger intensiv. Sie bat durchschnittlich viermal im Jahr um ein Gespräch. Je mehr sich Frauke positiv entwickelte, je deutlicher konnte Frau Thomsen erkennen, wie wichtig sie für ihre Tochter ist. Trotzdem organisierte sie sich hin und wieder eine Auszeit. Die Bekannten, bei denen sich Frauke während unseres ersten Beratungsgespräches aufhielt, wurden ihre „Wochenend-Eltern". Auf diese Weise gab es hin und wieder tatsächlich andere Menschen, die sich um Frauke kümmerten. Doch die Mutter blieb Fraukes wichtigste Bindungsperson und Frau Thomsen entwickelte sich zu einer liebevollen und kompetenten Mutter.

Zwischen Vertrauen und Kontrolle

Überforderte Eltern benötigen auch Hilfe darin, wie man den Alltag so gestalten kann, das problematische Situationen ohne Eskalationen bewältigt werden können. Manchmal geht es um einfache lebenspraktische Dinge, wie zum Beispiel beim Ausfüllen von Formularen oder bei der aktiven Gestaltung von Kommunikation gegenüber einer Verwaltung oder einer Bank. Häufiger geht es um Alltags-Situationen mit den Kindern. Wenn es gelingt, durch videounterstützte Interventionen positive Interaktionen zwischen Eltern und Kindern hervor zu heben und dadurch zu verstärken, erleben sich die Eltern als kompetent Handelnde und nicht als ohnmächtige Opfer der Verhältnisse.

In diesem Geschehen muss immer wieder eingeschätzt werden, ob sich die Kompetenz und Verantwortlichkeit der Eltern erhöht. Möglicherweise muss nach außerfamiliärer instrumenteller Unterstützung gesucht werden, die z.B. für die betroffenen Kinder in einer Tagesgruppe zur Verfügung gestellt werden kann. Mit zunehmendem Alter kann es Kindern gelingen, soziale „Schutzsysteme" in protektiven Beziehungen außerhalb ihrer Herkunftsfamilie zu nutzen.

Da Angebote für Eltern mit Säuglingen und kleinen Kindern häufig im Schnittstellenbereich zwischen Jugendhilfe und Gesundheitswesen angesiedelt sind, ist eine Kooperation und Vernetzung zwischen unterschiedlichen Akteuren nicht nur im Fall einer akuten Gefährdung wichtig. Soziale Frühwarnsysteme, wie die durch das Nationale Zentrum für frühe Hilfen (NZFH) geförderte und begleitete Projekte, die durch den Einsatz von Familienhebammen, durch Willkommensbesuche, durch Förderungs- und Beratungsangebote für (hoch) belastete Eltern tätig werden, erhöhen präventiv deren Beziehungs- und Erziehungskompetenz.

Familien, in denen schon seit Generationen Vernachlässigungsstrukturen wahrgenommen werden, benötigen vielfältige und vor allem längerfristige Begleitung. Auch nach Abklingen anfänglich hoher Gefährdungspotentiale ist es erforderlich, immer wieder sorgfältig zu prüfen, ob die angebotenen Interventionen auch dauerhaft Wirkung entfalten. Fachkräfte stehen dabei im Spannungsfeld zwischen Hilfe und Hilflosigkeit, Macht und Ohnmacht, Vertrauen und Kontrolle. Sie erleben bedürftige Kinder und bedürftige Eltern. Sie erleben Scham, Angst und Hoffnungslosigkeit. Sie erleben auch die Bereitschaft, etwas zu verändern. Doch es steigt der Druck von außen, nichts zu übersehen und keine Fehler zu machen. Was hilft, um die eigene professionelle Kompetenz zu bewahren, kann eine gute Vernetzung mit Fachkräften aus unterschiedlichen Bereichen bieten, Intervision und Supervision sowie eine Struktur, die es möglich macht, längerfristige Hilfeprozesse zu ermöglichen, damit sie Eltern darin unterstützen, die Experten für ihr Leben zu werden und zu bleiben.

Pferdegestützte Therapie mit Kindern und Jugendlichen

Traumatisierte Menschen reagieren auf angebotene Hilfe häufig mit noch mehr Stress. Wer das Vertrauen in sich selbst und andere Menschen verloren hat, kann sich über den Kontakt zu Tieren wieder selbstwirksam erleben und Vertrauen in die eigenen Emotionen bekommen.

Der Rostocker Psychologe Henri Julius wollte im Rahmen eines internationalen Forschungsdesigns herausfinden, welche Form von Unterstützung traumatisierte Kinder benötigen, um einfache Belastungen besser bewältigen zu können. Im Test mussten die Kinder zu einer Prüfung antreten, aber sie bekamen Unterstützung. Die Kinder der ersten Gruppe erhielten einen Stoffhund. In der zweiten Gruppe unterstützte eine freundliche Studentin und die dritte Gruppe bekam einen echten Hund zur Unterstützung. Alle Kinder sind in der Vergangenheit von ihren engsten Bezugspersonen schwer misshandelt oder extrem vernachlässigt worden

> „Im weiteren Verlauf der Entwicklung sehen wir das Problem, dass die Kinder diese Beziehungserfahrungen auf neue Beziehungspersonen übertragen, z. B. auf ihre Lehrer oder ihre Therapeuten. Sie erwarten wieder vernachlässigt, missbraucht oder misshandelt zu werden. So lernen sie nie, ihren Stress zu regulieren." (Julius, 2013)

Was kann diesen Kindern helfen, ihren Stress abzubauen und was kann ihnen von außen dabei helfen? In dem erwähnten Experiment sollten sich die Kinder das Ende einer Geschichte ausdenken und vortragen. Nach der Deutschaufgabe war Kopfrechnen dran. Die Kinder sollten eine Zahlenreihe in Dreierschritten rückwärts zählen. Wie gingen die Kinder mit diesem Stress um und konnten ihre Unterstützer ihnen etwas Stress nehmen? Die Kinder, die ein Stofftier oder eine freundliche Person als Unterstützer hatten, zeigten nach dem Test höhere Werte des Stresshormons Cortisol als vor dem Test. Nur die Gruppe mit einem echten Hund als Unterstützer zeigten nach dem Test signifikant niedrigere Werte als vor dem Test. Je häufiger ein Kind körperlich Kontakt mit dem Hund aufnahm, zum Beispiel den Hund streichelte, umso niedriger waren anschließend seine Cortisol-Werte.

> „Besonders die körperliche Ebene ist ausschlaggebend. Auf der Verhaltensebene wird der Stress abgebaut insbesondere durch Körperkontakt zu einer vertrauten Bezugsfigur. Auf der physiologischen Ebene spielt das Hormon Oxytocin offensichtlich eine Rolle." (Julius, a.a.O.)

Während die Stresshormone Adrenalin und Noradrenalin für steigenden Blutdruck und schnelle Reaktionen verantwortlich sind und dabei das Verdauungssystem lahmlegen und die Schmerzempfindlichkeit senken, entspannt Oxytocin, stellt ruhig, macht zufrieden und empathisch. Es wirkt bei Nähe, verbessert die Wahrnehmung für Beziehungssignale und schafft Vertrauen in bedeutsamen Beziehungen. Es hat Bedeutung bei der Geburt, beim Stillen und beim Kuscheln in allen Lebenslagen. Die Ausschüttung dieses „Hormons der Nähe" kann durch das dadurch vermittelte Gemeinschaftsgefühl aber auch dazu beitragen, sich aggressiv von anderen Gruppen abzugrenzen (Moberg 2016). Erste Studien weisen darauf hin, dass intranasal verabreichtes Oxytocin in Verbindung mit anderen Interventionen PTSD Symptome abmildern kann (Donadon et al. 2018).

Oxytocin wird bei Berührung aktiviert und stoppt die Produktion von Stresshormonen. Ein Kind mit einem erhöhten Oxytocin-Spiegel ist beziehungsbereit. Es kann seine positiven Erfahrungen mit dem Tier auf Menschen übertragen. Das Tier öffnet offensichtlich eine Tür, durch die Menschen gehen können, die helfen wollen.

In Wien wird erforscht, welche therapeutischen Erfolge mit Pferden erzielt werden können. Die Equotherapeutin und Psychologin Roswitha Zink hat in Forschungsreihen herausgefunden, dass Pferde im Kontakt mit Menschen unbewusste Vorgänge wahrnehmen und rückmelden. Pferde können offensichtlich auf nonverbaler Ebene mit Menschen in Kontakt treten. Es gibt Nachweise, dass Menschen mit schweren Beeinträchtigungen nach Unfällen – z. B. Menschen im Wachkoma – durch tiergestützte Therapien zu Heilungsschritten geführt werden konnten.

In ihrer Forschung versuchen Karin Hediger und Roswitha Zink im Otto-Wagner-Spital in Wien herauszufinden, wie die Kommunikation zwischen Pferd und Mensch funktioniert. Sie konnten nachweisen, dass die Kommunikation auf der Mensch-Tier-Ebene der Kommunikation auf der Mutter-Säuglings-Ebene gleicht. Auch für Autisten kann das Pferd zur Brücke zwischen ihrer Welt und der beängstigenden Außenwelt werden. Das Tier drückt sich nicht so kompliziert und doppeldeutig aus wie Menschen. Es verfügt nicht über eine verwirrende Sprache. Was das Pferd will und was nicht, ist sehr viel einfacher zu erkennen. Haben es Autisten gelernt, die Signale des Tieres zu verstehen, kann es ihnen auch Menschen gegenüber immer häufiger gelingen, diese abzulesen. In einer Untersuchung in Deutschland wurden Autisten mit herkömmlichen Therapieerfahrungen und Autisten mit pferdegestützter Therapie verglichen. In der „Pferdegruppe“ war eine deutliche Verbesserung der Wahrnehmung und Motorik festzustellen aber auch der für Autisten besonders schwierigen Kontakt-Aufnahme und Kommunikation (Hediger u. Zink 2017).

Auch in der Therapie mit schwer traumatisierten Soldaten, die aus Einsätzen in Kuwait oder in Afghanistan zurückkehrten, werden Erfolge durch die Arbeit mit Pferden erzielt[6] Die Therapie wird vom Bund Deutscher Veteranen finanziert. 1999 wurde ein

6 siehe DIE ZEIT v. 22. März 2012

Dachverband für Pferdegestütztes Wachstum und Lernen gegründet (Equine Assisted Growth and Learning Association, EAGALA). Diese internationale Non-Profit-Organisation hat inzwischen über 3.500 Mitglieder in 35 Ländern. Die heilende Wirkung von Pferden in der Therapie mit traumatisierten Kindern und Jugendlichen ist ebenfalls mehrfach beschrieben (z. B. bei Thoms 2014, Urmoneit 2013).

Was macht Pferde zu so geeigneten Therapiebegleitern? Pferde sind uns auf vielen Ebenen sehr ähnlich. Sie leben in einer sozialen Gesellschaftsform, in der Herde, mit anderen zusammen. Das einzelne Tier wäre in freier Wildbahn nicht überlebensfähig. Nur das Setting der Herde sichert das Wohlergehen des einzelnen Tieres und das der gesamten Gruppe. Pferde sind soziale Wesen und ermöglichen auch Schwächeren das Überleben. Das wird besonders deutlich, wenn es um ihren Nachwuchs geht. Sie bekommen in der Regel nur ein Fohlen pro Jahr und setzen alles daran, es durchzubringen. In Filmdokumentationen über wild lebende Pferde in der Namib Wüste ist zu beobachten, wie sogar Hengste sich intensiv um verwaiste Fohlen kümmern, diese quasi adoptieren und versuchen, ihr Überleben zu sichern. Das vorherrschende Grundprinzip der Pferde ist eindeutig Kooperation, und so erklärt sich auch, warum dieses körperlich so viel stärkere Tier bereit ist, dem so viel schwächeren Menschen ein Beziehungsangebot zu machen.

Bei Mensch wie Pferd entsteht Vertrauen auf Grund von Zuwendung und positiven Erfahrungen (emotionales Erfahrungsgedächtnis). Auf dieser Ebene des limbischen Systems begegnen sich quasi beide auf „Augenhöhe“, d. h. hier findet die Kommunikation über sehr ähnliche somatische Marker statt (z. B. Bei Stress verspannt sich sofort das Kiefergelenk). Durch die sensible Beobachtung der Pferde können Menschen dazu angeregt und eingeladen werden, auch achtsamer und feinfühliger für die eigenen somatischen Marker zu werden und so z. B. lernen, frühzeitiger ihre Bedürfnisse wahrzunehmen und zu kommunizieren.

Jedes Pferd hat wie wir Menschen neben der sozialen Prägung auch eine ganz individuelle Persönlichkeit, mit unterschiedlichen

Charaktereigenschaften, Neigungen und Gemütsverfassungen. So können sie uns auch hier ein lebendiges Modell sein für das Gelingen von funktionierender Gemeinschaft bei gleichzeitiger Wahrung der eigenen Individualität.

Körperlich sind Pferde uns weit überlegen und geben uns damit die Möglichkeit, Ängste und Misstrauen zu überwinden und (Selbst-)Vertrauen aufzubauen. Pferde reagieren spontan auf unsere inneren Bilder und Haltungen und die daraus resultierenden Körpersignale. Sie geben uns damit ein unmittelbares, nonverbales Feedback über unser eigenes Verhalten und die Möglichkeit zur direkten Veränderung. Statussymbole und unser äußeres Erscheinungsbild, Kriterien die oft Grundlage unserer zwischenmenschlichen Bewertungen sind, spielen für Pferde keine Rolle. Im Umgang mit ihnen können wir non-verbale Kommunikation, kreatives Denken und Problemlösen, Selbstbewusstsein und Selbstwirksamkeit, Wahrnehmung und Achtsamkeit, Team- und Beziehungsfähigkeit sowie Vertrauen und Selbstvertrauen erleben.

Verbundenheit und Weiterentwicklung

Jedes Kind trägt in sich zwei grundlegende Bedürfnisse. Es möchte mit anderen Menschen verbunden sein, Teil einer Gemeinschaft sein, dazu gehören und in sozialen Kontexten akzeptiert und gemocht werden. Das zweite Grundbedürfnis besteht darin, sich weiterzuentwickeln, Kompetenzen zu erwerben und jeden Tag ein wenig über sich hinauszuwachsen. Diese beiden Grundbedürfnisse entspringen Erfahrungen, die jedes Kind schon im Mutterleib gemacht hat: Es war verbunden und hat sich entwickelt. Die ursprünglich erfahrenen Muster von Verbundenheit und Weiterentwicklung bleiben als diese beiden neuronal gebahnten Erwartungshaltungen das Leben lang Bestandteile einer gesunden Entwicklung. Wir streben permanent nach einer Balance zwischen sozialen Beziehungen und autonomem Handeln (Hüther 2015, 2018). Gelingt diese Balance, kann sich das Gehirn vom Zeitpunkt der Geburt weiterentwickeln und im Bereich des Neocortex vielfache neue Muster herausbilden, die zur Lösung von Problemen genutzt werden können.

In der Bindungsforschung wird vom „sicheren Hafen" gesprochen, den wir in Gestalt von zuverlässigen und feinfühligen Bindungspersonen benötigen und von „großer Fahrt", auf die wir gehen, um die Welt zu entdecken und Aufgaben zu erledigen, in denen wir erfolgreich sind und von anderen dafür Anerkennung bekommen (Brisch 2014). Wer das erreicht, fühlt sich „wohl in seiner Haut", ist „in seinem Element". Ein solches Gefühl nennt Antonovsky „Kohärenz" -verstehen, was passiert, gestalten können und Bedeutsamkeit und Sinn in dem erkennen, was geschieht (Antonovsky u. Franke 1997).

Kinder, die in ihrem Bedürfnis nach Verbundenheit und Weiterentwicklung enttäuscht werden, die zum Objekt der Bedürfnisse anderer gemacht werden, verankern im Gehirn die Lösungen, die sie gefunden haben. Sie können wiederum andere Menschen zum Objekt machen („Leck mich ...."), sich als Subjekt besonders auffällig geltend machen (der kleine Aufsässige) oder sich abfinden, anpassen und immer alles richtig machen wollen (der Duckmäuser). All diese Mechanismen dienen letztendlich dazu, erneut Kohärenz herzustellen.

Besonders geeignet, kohärente Beziehungsaufnahme zu einem lebendigen Wesen zu erleben, ist eine pferdegestützte Therapie. Der Zauber dieser Therapieform liegt vielleicht darin, dass Tier und Mensch gleichzeitig lernen, sich gegenseitig zu vertrauen, dabei ihre gegenseitigen Fluchtimpulse überwinden und das Pferd durch die besondere Gabe, nonverbale Kommunikation und Körpersprache zu lesen in seinen Reaktionen die innere Haltung und die momentane Befindlichkeit des Menschen spiegelt.

Gewalt hat im Kontakt mit Pferden keinen Platz, wohl aber die sanfte Ausübung von Autorität. In der Beziehung zwischen Mensch und Pferd muss das Führen durch Menschen nicht als Ende von Harmonie betrachtet werden. Gerade weil traumatisierte Menschen Macht als Missbrauch erlebt haben, können sie gegenüber dem Pferd lernen, die verantwortungsvolle Variante der Machtausübung zu entwickeln, die eine harmonische Leichtigkeit zum Ziel hat. Diese Leichtigkeit kommt durch die sensible Wahrnehmung von Feedbacksignalen von Seiten des Tieres zustande, auf die mit so wenig Führung wie möglich, und so viel wie nötig geantwortet wird. Dem Pferd gegenüber führt das kongruente Einfordern von Grenzen und individuellem Freiraum nicht zur sozialen Ablehnung, sondern bewirkt beim Tier Respekt und Beachtung des Gegenübers. In der tiergestützten Arbeit ist die Dauer, Intensität und Häufigkeit des Einsatzes so zu bestimmen, das sowohl das Wohlergehens des Tieres, als auch das Wohlergehen der Klienten nicht beeinträchtig wird (siehe auch Richtlinien der European Society for Animal Assisted Therapy, ESAAT).

Gegenüber dem Pferd gelingt es Traumatisierten häufig leichter, ohne dissoziative Zustände im Kontakt zu bleiben. Die Begegnung mit einem freundlichen Tier, vielleicht das ausgiebige Streicheln, öffnet ein Lernfenster. Je dauerhafter sich ein Kind oder ein Jugendlicher auf das Experiment der Beziehung zu einem Pferd einlassen kann, umso deutlicher ist dann zu erleben, dass das Tier sein Beziehungsangebot ohne Worte, ohne Bewertung und ohne einseitige Parteilichkeit zur Verfügung stellt. So bleiben Kinder mit dem Tier im Kontakt präsent, wie es ihnen gegenüber Menschen oft nicht gelingt. Pferde können auch als gefährlich erlebt werden, wenn sie in Stress geraten. Für Traumatisierte kann dies unangenehm antriggern, wenn sie wieder ungewünschten und unkontrollierbaren Verhaltensweisen gegenüberstehen. Sie benötigen von Trainern Übersetzungshilfen, sodass sie die Verhaltensweisen des Tieres verstehen. Tiergestützte Therapie kann nur in der Beziehung zwischen Klienten, Trainern und Tier geschehen. Eine Veränderung kann demzufolge nur in der Triade Klient-Pferd-Trainerin entstehen.[7]

7 An dieser Stelle bedanke ich mich ausdrücklich bei Christiane Völlinger, Imke Urmoneit und Kristina Enghusen, von denen ich enorm viel über die therapeutische Arbeit mit Pferden gelernt und erfahren habe,

Pferde als Objekt oder als Partner?

Menschen können sich so benehmen, dass sie die Welt und jede Kreatur beherrschen. Alles auf der Welt wird dann zur Ressource, die es auszubeuten gilt: „Macht Euch die Erde untertan", heißt es in der Bibel (Genesis 1, 28). Der amerikanische Historiker Lynn White stellte 1967 fest: „Unsere derzeitige Naturwissenschaft und unsere derzeitige Technik sind so sehr von einer orthodoxen christlichen Arroganz gegenüber der Natur durchsetzt, dass von ihnen keine Lösung unserer ökologischen Krise erwartet werden kann" (White 1967, bei Lohmann 1970, S.28f). Der Neurobiologe Gerald Hüther prophezeit das Ende der Ressourcenausnutzung und stellt demgegenüber das Zeitalter der Potenzialentfaltung in Aussicht. Wenn wir es beenden, alles und jeden als Ressource zu betrachten und zum eigenen Vorteil zu nutzen, sogar Menschen und Tiere zum Objekt zu erklären und als Verlängerung des eigenen Egos zu verwenden, wenn wir also zu einer anderen Haltung kämen, hätten wir angesichts knapper werdender Ressourcen Chancen für die Zukunft (Hüther 2015). In einer Gesellschaft der Potenzialentfaltung geht es nicht um Nutzen und Ausbeutung, sondern um Fürsorge und Nachhaltigkeit. So, meinen einige Interpreten des Alten Testaments, sei auch das oben erwähnte Bibelwort gemeint. Die Erde, die Mitgeschöpfe und die unbelebte Natur sei den Menschen nicht beliebig verfügbar (Bedford-Strohm, 2014).

Nicht überall werden Tiere als Partner behandelt, denen gegenüber wir Verantwortung haben, sondern als Objekte von Macht- und Geltungsinteressen. Aber vielleicht haben traumatisierte Kinder und Jugendliche, weil sie in besonders heftiger Weise missbraucht oder ausgebeutet wurden, ein spezielles Gespür für die hohe Wertigkeit von Intersubjektivität in der Beziehung zu Tieren und vielleicht haben sie auch aus diesem Grund einen besonderen Gewinn in der pferdegestützten Therapie.

sowie bei Ulrike Kirchrath, die mich bei ersten Erhebungen unterstützt hat.

Auf einem therapeutischen Reiterhof wurden 17 traumatisierte Kinder und Jugendliche befragt[8]. Alle hatten in ihrer Herkunftsfamilie schwere Gewalt und Verwahrlosung erlebt. Sie hatten unterschiedliche Zeiträume mit drogenabhängigen Müttern, psychisch kranken Eltern oder gewalttätigen Eltern zusammengelebt und befanden sich zum Zeitpunkt der Befragung in äußerer Sicherheit. Durchschnittlich stimmten sie weniger häufig bei Aussagen zu, in denen das Pferd als Objekt persönlicher Bedürfnisse gesehen wird, z. B.: „Ich möchte gern bei einem Reitwettbewerb gewinnen." „Es ist wichtig, dass das Pferd alles tut, was ich will." Wesentlich häufiger wurden Aussagen positiv bewertet, die eine Subjekt-Subjekt-Beziehung zum Tier beinhalten: „Mit dem Pferd kann ich zur Ruhe kommen." „Das Pferd guckt mich wie ein guter Freund an." „Das Pferd ist genau so empfindlich wie ich". Alle erlebten die Reittherapeutin als wichtige Vermittlerin für neue Erfahrungen. Diese Kinder konnten sich anstelle von Ohnmacht und Ausgeliefertsein auf ein vitales Erlebnis mit Interaktionen auf Augenhöhe einlassen und anstelle von Angst und Dissoziation für sich Präsenz, Eigenkontrolle und Handlungsfähigkeit wiedergewinnen. Bei der Begegnung mit den Tieren kommen häufig lang verdrängte Gefühle hoch. Manche traumatisierten Kinder und Jugendliche sind davon überwältigt, nach langer Zeit überhaupt wieder zu empfinden. Manchen kommen Tränen der Wehmut: altes Weh mit neuem Mut.

8 Bisher unveröffentlichte und noch nicht abgeschlossene eigene Untersuchung.

8 Berufsbedingte Belastungen in der Trauma-Arbeit

Die Sozialwissenschaftlerin Kathinka Beckmann von der Hochschule Koblenz stellte im Mai 2018 eine Studie vor, nach der viele Jugendämter für den Schutz von Kindern schlecht ausgestattet sind. In vielen sozialen Diensten kommen 50 bis 100 Fälle auf einen Mitarbeiter (Beckmann et al. 2018).

Die Belastung durch Klientinnen und Klienten in Kombination mit begrenzten Ressourcen und Unterstützungsmöglichkeiten kann eine große Herausforderung darstellen und in der Folge zu berufsbedingten Belastungen führen. Ausschlaggebend dafür ist der direkte Kontakt mit traumatisierten Menschen oder mit Traumamaterial in Wort, Bild oder medialer Darstellung, welcher einen empathischen Bezug zu dem emotionalen Zustand und Leid anderer Personen bedingt. Der tagtägliche Umgang mit Traumamaterial kann zu einer Erschütterung des Weltbilds führen (Daniels 2006, Jegodtka 2013).

Außerhalb des therapeutisch-pädagogischen Kontext haben in letzter Zeit Berichte von Menschen erschüttert, deren Aufgabe es ist, Veröffentlichungen im Internet dahingehend zu prüfen, ob deren Inhalt pornografisch, gewaltverherrlichend oder in anderer Weise verstörend ist, besonders in Form von Bildern oder Filmclips. Um andere Menschen vor diesen Inhalten zu schützen, müssen sie sich viele Stunden jeden Tag schreckliche Darstellungen und Texte ansehen. Sie sind die unsichtbaren Leidtragenden, die problematische Inhalte möglichst schnell entfernen sollen, sich jedoch für diese Arbeit oft nicht ausreichend vorbereitet und psychologisch betreut fühlen. Viele berichten von Stress, Überlastung und schweren psychische Problemen, die durch das Sichten von oftmals schockierenden Inhalten wie Folter, Mord oder Kindesmissbrauch hervorgerufen werden. Doch auch im psychosozialen Bereich kann etwas Ähnliches passieren.

Als Beratende und als Helfende, die mit Opfern und Überlebenden von traumatischen Erfahrungen und ihren Konsequenzen arbeiten, hören wir von Schmerzen, Leiden, Trauer und Verlust. Es ist ein Teil unserer Aufgabe, Mitgefühl zu zeigen und Hoffnung zu vermitteln, besonders dann, wenn die Menschen selbst noch nicht dazu in der Lage sind. Diese Aufgabe kann enorm befriedigend, doch ebenso mit hohen emotionalen Kosten verbunden sein.

Der Trauma-Experte und ehemaliger Klinikleiter Ulrich Sachsse meint, dass es in unserem psychosozialen und psychotherapeutischen Arbeitsfeld auch um Infektion im weitesten Sinn geht. Traumata würden sich wie eine Infektionskrankheit auf den Helfer übertragen, wenn sich dieser nicht ausreichend schützen kann (Sachsse 2004).

Mitgefühlserschöpfung

Dieser infektiöse Prozess, bei dem sich psychische Belastungen auf Menschen übertragen, die selbst keine existenziellen Bedrohungen erleben, aber mit traumatischem Material anderer zu tun bekommen, wird unterschiedlich bezeichnet. Als Erster schrieb Charles Figley über einen Prozess von sekundärer Traumatisierung, bei dem eine Traumatisierung zustande kommt, obwohl man nicht selbst mit einem Trauma umgehen muss (Figley 1995). Laurie Anne Pearlman nennt diesen Vorgang stellvertretende Traumatisierung. Sie fand heraus, dass Helfer Symptome einer posttraumatischen Belastungsstörung (PTBS) entwickeln können. Durch Berichte der Klienten entwickeln sie Bilder und Filmsequenzen, ohne selbst das Bedrohliche erlebt zu haben. Diese Bilder und Filme können als Intrusionen immer wieder im privaten Alltag der Helfer auftauchen. Aus Schutzimpulsen können sie dann Vermeidungsverhalten entwickeln: nicht mehr mit bestimmten Klienten sprechen wollen, nicht mehr bei der Arbeitsstelle auftauchen oder sich mit Medikamenten oder Alkohol betäuben, um nicht mehr von den Intrusionen emotional überflutet zu werden. Zusätzlich mögen sich körperliche Symptome zeigen: Herzrasen, Schweißausbrüche, Schlaflosigkeit, Nervosität (Pearlman u. Saakvitne 1998).

> „Wir waren dem Trauma nicht direkt ausgesetzt, doch wir hören die Berichte mit großer Intensität, oder wir hören ähnliche Geschichten immer wieder, oder wir haben die Gabe von extremer Empathie, und wir leiden. Wir fühlen die Gefühle unserer Klienten. Wir erleben ihre Angst. Wir träumen ihre Träume. Manchmal verlieren wir unseren Optimismus, unseren Humor, unsere Hoffnung. Wir ermüden. Wir sind nicht krank, aber wir sind nicht wir selbst." (Figley 1995, S. 13)

Charles Figley und Hudnell Stamm nennen diese Übertragungsprozess Mitgefühlserschöpfung (Compassion Fatigue, Stamm 2002). Dieser Ausdruck zeigt etwas deutlicher, dass es sich hier im Grunde um ein systemisches Geschehen handelt, nicht nur um das Ausgebranntsein eines Profis. Mitgefühlserschöpfung ist das Produkt eines Beziehungsgeschehens. Jemand berichtet von schrecklichen Erfahrungen, der andere hört empathisch zu und nimmt etwas in sich auf, was dann ein Eigenleben entwickelt, sodass im Folgenden die Empathie nicht mehr adäquat steuerbar ist. Der Helfer ist biologisch, psychisch oder sozial erschöpft.

Diese Erschöpfung zeigt sich nicht nur in Symptomen einer PTBS, sondern kann sich auch in verschwimmenden Grenzen zwischen Arbeit und Privatleben zeigen (nicht mehr steuerbares Überengagement), in einem plötzlichen oder schleichenden Empathierückgang („Ich kann keine sich selbst verletzenden Jugendlichen mehr sehen!") oder in erhöhter Streitbereitschaft in beruflichen Kontexten, in der Familie und in Partnerschaften (wohlgemerkt in *allen* Bereichen!). Auch ein sonst nicht vorhandener plötzlich auftretender Zynismus kann ein Zeichen für eine Mitgefühlserschöpfung sein: „Ach komm, wir sind doch indirekt nur dazu da, dass diese so genannten Flüchtlinge ihre Kohle abgreifen können, ohne zu arbeiten." Oder ein Gefühl von Unverständnis wird überall vermutet: „Es hat ja keiner eine Ahnung davon, was wir hier eigentlich machen. Die nutzen uns doch alle nur aus." Angesprochen auf Anzeichen einer Mitgefühlserschöpfung, wird dann empört jedes Anzeichen davon von sich gewiesen.

Merke:

Eine Mitgefühlserschöpfung zeigt sich neben allgemeinen Anzeichen von Erschöpfung vor allem durch

- nicht mehr steuerbare Empathie (zu viel, zu wenig)
- nicht mehr steuerbares Engagement (zu viel, zu wenig)
- erhöhte Streitbereitschaft und Zynismus in allen Bereichen
- sich nicht verstanden und unterstützt fühlen
- Leugnen von Überlastungsanzeichen.

Wege der „Infektion"

Unterschiedliche Erklärungen führen zur Beantwortung der Frage, wie diese Prozesse von Übertragung von Traumasymptomen durch Mitgefühl entstehen. Eine große Rolle spielt dabei natürlich die schon erwähnte Empathie. Je näher sich Menschen in Kontakten kommen, um so „ansteckender" verhalten sie sich. Nicht nur Lachen und Gähnen stecken an, sondern auch andere Verhaltensweisen und Emotionen. Verliebte verbreiten eine angenehme Stimmung, Begeisterung für etwas kann sich von einem Menschen auf andere übertragen. Und nicht umsonst heißt es: „Geteiltes Leid ist halbes Leid."

Ein zweiter Weg der „Ansteckung" besteht möglicherweise dadurch, dass wir als Beratende durch die Berichte unserer Klienten an selbst erlittene Traumata erinnert werden, ohne das sogleich zu bemerken. Wir werden durch spezielle Auslöser „angetriggert" und verlieren unsere professionelle Distanz. Oftmals ist es hilfreich, auf einem imaginierten Kontrollmonitor den Unterschied zwischen den Erlebnissen der Klienten und den eigenen traumatischen Erlebnissen zu vergegenwärtigen. Zusätzlich ist es ratsam, sich nicht allzu sehr von den Berichten der Klienten faszinieren zu lassen – auch das Grauenhafte kann zu Faszination und Atemlosigkeit führen – sondern die eigene Handlungsfähigkeit aufrecht zu erhalten. Je weniger es gelingt, strukturierende oder ressourcenorientierte Fragen zu stellen wie „Oh das muss schrecklich gewesen sein. Was hat denn geholfen, das zu überstehen?“, desto schneller nisten sich Bilder des berichteten Geschehens in unser Gedächtnis ein.

Es gibt dazu einige neurophysiologische Hypothesen. Es mag sein, dass unsere menschliche Fähigkeit, mit Hilfe der Spiegelneuronen durch Beobachten und Zuhören Emotionen und Perspektiven übernehmen zu können, dazu führt, dass wir besonders intensiv Erlebnisse mit bedrohlichen Inhalten in uns aufnehmen. Denn wo immer intensive Emotionen beteiligt sind, wirken sie wie Dünger bei der Bildung neuer neuronaler Verschaltungen. Und je häufiger wir mit solchen Berichten von unterschiedlichen Klienten zu tun haben, umso mehr könnten wir eine sensibilisierte Amygdala entwickeln, die ja als Rauchmelder unser Überleben sichern soll. Je mehr Informationen über existenzielle Bedrohungen bei anderen Menschen auftauchen, umso eher wittert sie auch in ihrem System existenzielle Gefahr. Und umso häufiger meldet sich unsere Notfallschaltung und empfiehlt Dissoziation, um sich vor einer Reizüberflutung zu schützen.

Selbstfürsorge und Psychohygiene

Sofern man gern im jeweiligen Arbeitsfeld tätig ist und nicht die komplette Flucht antreten will, gibt es zwar wenige Möglichkeiten, sich vor grauenhaften Erzählungen zu schützen, aber es gibt eine gute Chance, sich immer wieder davon zu erholen, wenn man auf die ersten Anzeichen achtet, die auf einen Erschöpfungszustand hinweisen könnten: Niedergeschlagenheit, Reizbarkeit, körperliche Erschöpfung, Veränderung innerer Werte und Einstellungen, Appetitlosigkeit, Anspannung und gesundheitsschädigendes Verhalten.

Bekannt ist das ABC der Selbstfürsorge (Pearlman 1998) Es geht um den Erhalt von körperlicher und psychischer Gesundheit, um Ressourcen, die zum Ausgleich für stressreiche und Trauma-bezogene Berufstätigkeit gepflegt werden sollten:

ABC der Selbstfürsorge

Achtsamkeit:
Achte auf dich selbst, deine eigenen Bedürfnisse, Grenzen und Ressourcen!

Balance:
Achte auf dein Gleichgewicht zwischen Arbeit, Freizeit und Ruhe!

Connection:
Bleib in Verbindung mit dir selbst, mit anderen Menschen und mit der Natur!

Das hört sich schon gut an, kann aber noch weiter ausdifferenziert werden. Und bei dieser Aufstellung fehlen Ressourcen, die im Zusammenhang mit beruflichen Kontexten zu nennen wären. Aber schauen wir uns zunächst die persönlichen Anteile von Psychohygiene an.

Körperlich: Damit sich die Seele von Stress erholen kann benötigt jeder Mensch ausreichend Schlaf, eine gesunde Ernährung und regelmäßige Bewegung. Leichte sportliche Übungen helfen auch gegen psychische Erstarrungs- und Dissoziationsprozesse.

Seelisch: Je nach Vorlieben kann in diesem Bereich Entspannung, Meditation, Musik (passiv oder aktiv), Kunst (passiv oder aktiv),

Kreativität (aktiv) helfen. Kontakt zur Natur wird in letzter Zeit mit exotischen Bezeichnungen propagiert: Aus dem guten alten Spaziergang wird „wood bathing". Wer kennt einen neuen Ausdruck für Gartenarbeit?

Heilsame Kontakte: Hierzu zählt, Menschen zu sehen, die man mag oder zusätzlich noch interessant oder anregend findet und vor allem der Kontakt zu Tieren. Hier haben vor allem die Hunde- und Katzenfreunde eine permanente Ressource, aber es gibt ja vielfältige Möglichkeiten in diesem Bereich

Schöne Umgebung: Es kommt darauf an, was man schön findet, aber eine angenehme Wohnumgebung schafft sicher eher eine erholsame Atmosphäre und nach einer Phase von Entspannung erleichtert ein aufgeräumter und kreativ gestalteter Arbeitsplatz sicher eher die Rückkehr zum beruflichen Schaffen.

Belastungen vermeiden: Ist einfacher gesagt als getan, kann doch auch die Welt außerhalb der Arbeit zeitweise mit Konflikten und Problemen gespickt sein. Aber vielleicht kann es (auch zu weniger stressvollen Zeiten) hilfreich sein, sich nicht zusätzlich durch schreckliche Bilder in den Fernsehnachrichten oder in Horrorfilmen zu belasten.

Diese persönlichen Maßnahmen der Psychohygiene werden idealerweise durch Maßnahmen der beruflichen Psychohygiene ergänzt.

Aus-, Fort- und Weiterbildung: Wer mehr über das Feld weiß, in welchem man tätig ist und Interventionen gelernt und erprobt hat, gerät weniger in Bedrängnis. In einigen Fort- und Weiterbildungen zum Bereich „Traumata" sind auch Selbsterfahrungseinheiten integriert. Es ist hilfreich, wenn man sich ein Wissen darüber angeeignet hat, was hin und wieder auf dem eigenen Kontrollmonitor auftauchen könnte.

Intervision und Supervision: Die gemeinsame Sicht auf erfolgreiche Arbeit und problematische Konstellationen, mit oder ohne Hilfe von außen, kann dazu verhelfen, sich der eigenen professionellen Stärken bewusster zu werden, bei schwierigen Fällen alternative Interventionen bedenken zu können und insgesamt die eigene Position im professionellen Feld immer wieder neu zu überprüfen. Unter Umständen kann man sich auch ein paar Stunden Therapie gönnen, wenn eigene Traumata allzu heftig den beruflichen oder privaten Alltag belasten.

Spezifische Distanzierungstechniken, Imaginationsübungen: Wenn wir unseren Klienten Hilfen dabei zur Verfügung stellen, ihren Alltag stressfreier zu gestalten, kann es hin und wieder hilfreich sein, wenn wir diese Techniken und Übungen auch für uns selbst nutzen. Es kann nach einem schwierigen Gespräch wieder zu Gelassenheit führen, in einer Imagination an den eigenen inneren sicheren Ort zu gehen. Von 10 nach 0 herunterzuzählen kann auch uns helfen, eigene Affekte zu regulieren, falls nötig.

Verantwortung der Vorgesetzten auf Pausen zu achten: Es ist sicher aus Sicht einiger Arbeitgeber wünschenswert, wenn die Untergebenen ihren Tätigkeiten so intensiv wie möglich nachgehen, Überstunden einplanen und private Interessen hintanstellen. Verantwortungsvolle Vorgesetzte achten jedoch darauf, dass Pausen eingehalten werden und Erholungszeiten wahrgenommen werden. Die Fürsorgepflicht der Arbeitgeber ist immer dann besonders wichtig, wenn ein Arbeitsplatz intensive Betreuung von belasteten Klienten beinhaltet.

Arbeitsplatzatmosphäre, kollegiale Unterstützung: Auch in diesem Bereich lohnt es sich für Vorgesetzte, dazu beizutragen, dass nicht nur arbeitsfähige Teams entstehen, sondern sich auch Menschen in Arbeitsgruppen zusammenfinden, die sich mögen und in der Lage sind, sich gegenseitig zu unterstützen. Teams, die das Gefühl haben, dass man ihnen vertraut und die Wertschätzung für ihre Tätigkeit erfahren, geraten weniger in Erschöpfungszustände. Dazu gehört auch, dass die Personalquote ausreichend bemessen ist, sodass bei Erkrankung oder Urlaub „der Laden nicht zusammenbricht".

Netzwerke, Fachgesellschaften: Ausreichende Unterstützung für die eigenen stressvollen Tätigkeiten kann man nicht nur vom eigenen Team erwarten. Manchmal kann es entlastend und unterstützend wirken, wenn man sich mit anderen Professionellen trifft, die in ähnlichen Feldern tätig sind. Das können lokale Netzwerke sein, die auch durch unterschiedliche Professionen eine Ergänzung der eigenen Sichtweise bieten können.

Viele unserer Klienten leiden darunter, dass sie sich nicht gut um sich selbst kümmern. Sie denken vielleicht, dass Selbstfürsorge zu schwierig ist, oder dass sie es nicht wert sind. Wenn Beratende Selbstfürsorge praktizieren, zeigen wir unseren Klienten, wie enorm wichtig sie ist. Selbstfürsorge ist etwas, was uns selbst guttut, aber sie stellt auch für jeden, mit dem wir arbeiten, einen Gewinn dar.

Literatur

Aderhold, V. (2018): Klinische Diagnosen als soziale Konstruktion. *Psychotherapie-Wissenschaft* 8 (1), 25-32.

Antonovsky, A.; Franke, A. (1997): *Salutogenese. Zur Entmystifizierung der Gesundheit.* Tübingen: dgvt-Verlag.

Balloff, R. (2011): Stalking, Häusliche Gewalt und die Folgen für die Kinder. *Frühe Kindheit, Heft 2,* 35-39.

Barrett, M. J.; Stone Fish, L. (2016): *Komplexe Traumafolgestörungen erfolgreich behandeln.* Paderborn: Junfermann.

Batista-Pinto Wiese, E. (2010): Culture and migration: psychological trauma in children and adolescents. *Traumatology 16 (4),* 142-152.

Baumeister, R. (2001): Gewalttätig aus Größenwahn. *Spektrum der Wissenschaft, September.* 70 – 75.

Beckmann, K., Ehlting, T. u. Klaes, S. (2018): *Berufliche Realität im Jugendamt: der ASD in strukturellen Zwängen.* Deutscher Verein (Frankfurt) J 16.

Bedford-Strohm, H. (2014): Macht Euch die Erde untertan! Ein Widerspruch zur Nachhaltigkeit. Landesbischof Prof. Dr. B.-St. unter h.stmelf.bayern.de/wald/publikationen/028865/index.php (Zugriff am 4.3.2014).

Bisson, J.; Tavakoly, B.; Witteveen, A.; Ajdukovic, D.; Jehel, L.; Johansen, V.; Nordanger, D.; Orengo Garcia, F.; Punamaki, R.; Schnyder, U.; Sezgin, A.; Wittmann, L.; Olff, M. (2009): TENTS guidelines: development of post-disaster psychosocial care guidelines through a Delphi process. *The British Journal of Psychiatry Dec 2009, 196 (1),* 69-74.

Blaustein, M.; Kinnibourgh, K. (2010): *Treating Traumatic Stress in Children and Adolescents: How to Foster Resilience through Attachment, Self-Regulation and Competency.* New York: Guilford Publications.

Bolten, M. (2013): Fetale Programmierung und postnatale Plastizität der Emotionsregulation im frühen Kindesalter. *Pädiatrische* Praxis 81 (2), 183–192.

Brächter, W. (2010): *Geschichten im Sand: Grundlagen einer narrativen systemischen Spieltherapie.* Heidelberg: Carl Auer.

Braun, B.G. (1988): The BASK Model of Dissociation. *Dissociation 1 (1),* 4 – 10.

Brisch, K.H., u. Hellbrügge, T. (2014): *Wege zu sicheren Bindungen in Familie und Gesellschaft. Prävention, Begleitung, Beratung und Psychotherapie.* Stuttgart: Klett-Cotta.

Brisch, K.H. (2014): *Bindung und Jugend.* Stuttgart: Klett-Cotta.

Brisch, K.H. (1999): *Bindungsstörungen. Von der Bindungstheorie zur Therapie.* Stuttgart: Klett-Cotta.

Brisch, K.H. (2008): Bindung und Umgang. In: Deutscher Familiengerichtstag (Hrsg.) *17. Deutscher Familiengerichtstag vom 12. bis 15. September in Brühl,* Bielefeld, 89 – 135.

Brisch, K.H. (2010): Die Bedeutung von Gewalt in der Paarbeziehung für die Psychotherapie mit Kindern. Vortrag am 14. November in München.

Bundesamt für Bevölkerungsschutz und Katastrophenhilfe (2012) *Psychosoziale Notfallversorgung: Qualitätsstandards und Leitlinien, Teil I und II,* Bonn.

Bundeskriminalamt (2016): *Partnerschaftsgewalt. Kriminalstatistische Auswertung Berichtsjahr 2016*, Wiesbaden.

Bundesministerium für Familie, Senioren, Frauen und Jugend (2008): *Gewalt gegen Frauen in Paarbeziehungen.* November. S. 42-43. Berlin.

Bundesministerium für Familie, Senioren, Frauen und Jugend (2011): FamFG. Arbeitshilfe zum neu gestalteten Verfahren in Familienrechtssachen und in den Angelegenheiten der freiwilligen Gerichtsbarkeit (FamFG) bei Vorliegen häuslicher Gewalt, Juli, Berlin.

Bundesamt für Migration und Flüchtlinge (2018): Zahlen, Daten und Fakten zu unbegleiteten Minderjährigen. 1. Quartal 2018. http.www.bamf.de (Zugriff 22.5.2018).

Bundesamt für Bevölkerungsschutz und Katastrophenhilfe (BBK) (2012) Psychosoziale Notfallversorgung: Qualitätsstandards und Leitlinien, 3. Auflage.

Conen, M. L.; Cecchin, G. (2007): *Wie kann ich Ihnen helfen, mich wieder loszuwerden? Therapie und Beratung in Zwangskontexten.* Heidelberg: Carl Auer.

Copeland, W.; Keeler, G.; Angold, A.; Costello, J._(2007): Traumatic Events and Posttraumatic Stress in Childhood. *Arch Gen* Psychiatry. Volume 64, Issue 5, 577-584.

Cottrell, B. (2002): Dringend Hilfe gesucht: Teenager misshandeln ihre Eltern. *Systema Heft 3, 16. Jahrgang.* 212-225.

Daniels, J. (2006): *Sekundäre Traumatisierung. Kritische Prüfung eines Konstruktes.* Univ. Bielefeld, Diss.

Daniels, J. (2007): Eine neuropsychologische Theorie der Sekundären Traumatisierung. *Zeitschrift für Psychotraumatologie, Psychotherapiewissenschaft, Psychologische Medizin,* 5(3), 49-61.

Detemple, K. (2013): *Zwischen Autonomiebestreben und Hilfebedarf: Unbegleitete minderjährige Flüchtlinge in der Jugendhilfe*, Hohengehren: Schneider.

Deutscher Kinderschutzbund (2012): *Kindesvernachlässigung. Erkennen, Beurteilen, Handeln.* Landesverband Nordrhein-Westfalen, Institut für soziale Arbeit e.V., Münster, 6. Auflage.

Donadon, M. F.; Martin-Santos, R.; de Lima Osorio, F. (2018):The associations between Oxytocin and trauma in humans: a systematic review. *Frontiers in Pharmacology 9*, 1-16.

Dudeck, M.; Freyberger, H. (2011): Grenzen des Traumakonzepts und klinische Irrtümer. *Forensische Psychiatrie und Psychologische Kriminologie 5*, 12–17.

Eisenberger, N.; Liebermann, M.; Williams, K. (2003): Does rejection hurt? An fMRI study of social exclusion. *Science, Volume 302*, 290 - 292.

El-Mafaalani, A. (2015): *Migrationssensibilität. Zum Umgang mit Globalität vor Ort.* Weinheim: Beltz Juventa.

Ennulat, G. (2010): Wenn Kinder und Jugendliche ihre Eltern schlagen. www. Familienhandbuch.de (25.7.2018).

Felitti, V. J. (2002): Belastungen in der Kindheit und Gesundheit im Erwachsenenalter: Die Verwandlung von Gold in Blei. *Zeitschrift für psychosomatische Medizin und Psychotherapie 48 (4):* 359–369.

Figley, C. (1989): *Helping Traumatized Families.* San Francisco/Oxford: Jossey-Bass.

Figley C. (1995): *Compassion Fatigue. Coping with secodary stress disorder in those who treat the traumatized.* New York: Brunner & Mazel.

Figley, C. (2002): Mitgefühlserschöpfung – der Preis des Helfens. In: H. Stamm, H. (Hrsg.): *Sekundäre Traumastörungen*. Paderborn: Junfermann, 41 – 59.

Galm, B. (2006): Was ist im Kontakt mit Familien zu beachten, die Vernachlässigungsstrukturen aufweisen? In: Kindler, H.; Lillig, S.; Blüml, H.; Meysen, T.; Werner, A. (Hrsg.) *Handbuch Kindeswohlgefährdung nach § 1666 BGB*. München: Deutsches Jugendinstitut, Kapitel 53.

Galm, B.; Herzig, S. (2018): Kindesvernachlässigung und -misshandlung. Problembeschreibung und Hinweise zur Gefährdungseinschätzung. In: Textor, M.; Bostelmann, A. (Hrsg.) *Online-Handbuch Kindergartenpädagogik*. www.kindergartenpaedagogik.de (Zugriff 25. 6. 2018).

Gapp, K.; Bohacek, J.; Grossmann, J.; Brunner, A.; Manuella, F.; Nanni, P.; Mansuy, I. (2016): Potential of eviromental enrichment to prevent transgenerational effects of parental trauma. *Neuropsychopharmacology 41*, 2749 – 2758.

Gilbert, L.; Breiding, M.; Merrick, M.; Thomson, W.; Ford, D.; Dhinga, S.; Parks, S. (2015): Childhood Adversity and Adult Chronic Desease. *American Journal of Preventive Medicine, Volume 48, Issue 3*, 345 – 349.

Grossmann, K. (2003): Emmy Werner: Engagement für ein Lebenswerk zum Verständnis menschlicher Entwicklung über den Lebenslauf. In: K. H. Brisch u. T. Hellbrügge (Hrsg.): *Bindung und Trauma. Risiken und Schutzfaktoren für die Entwicklung von Kindern*. Stuttgart: Klett-Cotta, 15–33.

Habetha, S.; Bleich, S.; Sievers, C.; Marschall, U.; Weidenhammer, J.; Fegert, J. (2012): *Deutsche Traumafolgekostenstudie*. Institut für Gesundheits-System-Forschung GmbH Kiel und Kinder- und Jugendpsychiatrie/Psychotherapie des Universitätsklinikum Ulm, Schriftenreihe Band III.

Hamblen, J. u. Barnett, E. (2009): PTSD in Children and Adolescents. National Center for PTSD. December. www.ptsd.va.gov.

Hart, O. van der; Nijenhuis, E.; Steele K. (2008): Das verfolgte Selbst. Strukturelle Dissoziation und die Behandlung chronischer Traumatisierung. Paderborn: Junfermann.

Harkness, L.; Zador, N. (2004): Treatment of PTSD in Families and Couples. In: Wilson, J.; Friedman, J.M.; Lindy J. (Eds.): *Treating Psychological Trauma And PTSD*. London/New York: Guilford Press, 335 – 353.

Hediger, K.; Zink R. (2017): *Pferdegestützte Traumatherapie*. München: Reinhardt.

Herman, J. (2003): *Die Narben der Gewalt. Traumatische Erfahrungen verstehen und überwinden*. Paderborn: Junfermann. [am. Orig. (1992): Trauma and Recovery. New York (Basic).]

Heynen, S. (2001): Partnergewalt in Lebensgemeinschaften: direkte und indirekte Auswirkungen auf die Kinder. *Beiträge zur feministischen Theorie und Praxis, 24* (56/57), 83-99.

Heynen, S. (2010): Betroffen sind alle – Interventionsmöglichkeiten bei häuslicher Gewalt zum Schutz der Kinder. Dokumentation zum Workshop 7. Oktober, *„Väterliche Verantwortung bei Tätern häuslicher Gewalt"*, Landespräventionsrat Niedersachsen, Hannover.

Hoffmann, J. u. Glaz-Ocik, J. (2012): DyRiAS-Intimpartner: Konstruktion eines online gestützten Analyse-Instruments zur Risikoeinschätzung von tödlicher Gewalt gegen aktuelle oder frühere Intimpartnerinnen. *Polizei & Wissenschaft, 2/2012*, 45-57.

Huber, M. (2003): *Trauma und die Folgen. Trauma und Traumabehandlung I.* Paderborn: Junfermann.

Hüther, G. (2018): *Würde. Was uns stark macht – als Einzelne und als Gesellschaft.* München: Knaus.

Hüther, G. (2015): *Etwas mehr Hirn, bitte.* Göttingen: Vandenhoeck u. Ruprecht.

Hüther, G. (2005): *Biologie der Angst. Wie aus Stress Gefühle werden.* Göttingen: Vandenhoeck u. Ruprecht.

Hüther, G.; Korittko, A.; Wolfrum, G.; Besser, L. (2010): Neurobiologische Grundlagen der Herausbildung psychotraumabedingter Symptomatiken. *Trauma & Gewalt 4 (1),* 18–31.

Hüther, G.; Korittko, A.; Wolfrum, G.; Besser, L. (2012): Neurobiologische Erkenntnisse zur Herausbildung psychotraumabedingter Symptomatiken und ihre Bedeutung für die Traumapädagogik. In: *Trauma & Gewalt 6 (3),* 2–9.

ICD 10 (2001): *Taschenführer zur Klassifikation psychischer Störungen. Weltgesundheitsorganisation,* Bern: Verlag Hans Huber.

ICD 11 (2016):11. Revision der ICD der WHO, Beta-Draft. https://www.dimdi.de/static/de/klassi/icd-11/index.htm Zugriff am 11. Juni 2018.

Janet, P. (1889): *L'Automatisme Psychologique.* Paris (Alcan).

Jegodtka R. (2013): *Berufsrisiko Sekundäre Traumatisierung? Im Arbeitskontext den Folgen nationalsozialistischen Verfolgung begegnen.* Heidelberg: Carl Auer.

Julius, H. (2013): In: Quarks & Caspers, „Stress", Sendung des WDR vom 2. April.

Keilson, H. (1979): *Sequentielle Traumatisierung bei Kindern. Untersuchung zum Schicksal der jüdischen Kriegswaisen in den Niederlanden.* Stuttgart: Enke.

Kindler, H. (2005): Auswirkungen von häuslicher Gewalt auf die psychosoziale Entwicklung von Kindern. In: *Familie, Partnerschaft und Recht,* 1 (2), 16-20.

Kindler, H. (2006): Partnergewalt und Beeinträchtigung kindlicher Entwicklung. In: B. Kavemann; Kreyssig, U. (Hrsg.) *Handbuch Kinder und häusliche Gewalt.* Wiesbaden, S. 36-53.

Kindler, H. (2010): Neuanfang ohne Angst. In: *DJI Bulletin 89, 1/2010,* Deutsches Jugendinstitut München, 20-22.

Kizilhan, J. I. (2018): Transkulturelle Aspekte bei der Behandlung der Posttraumatischen Belastungsstörung. *Trauma und Gewalt,* 12 (3) 262-270.

Klengel, T.; Binder, E. (2013): Allele-specific FKBP5 DNA demethylation: a molecular mediator of gene-childhood trauma interactions. *Nature Neuroscience* 16, 33.

Koch, B. T. (Hrsg.) (2017): *Junge Flüchtlinge auf der Heimatsuche. Psychosoziales und pädagogisches Handeln in einem sensiblen Kontext.* Heidelberg: Carl Auer.

Kolk, B. van der (2005): Developmental trauma disorder. A new, rational diagnosis for children with complex trauma histories. *Psychiatric Annals* 35, 401–408.

Kolk, B. van der (2015): *Verkörperter Schrecken: Traumaspuren in Gehirn, Geist und Körper und wie man sie heilen kann.* Lichtenau: Probst.

Korittko, A. (2002): Bilder, von denen wir uns kein Bild machen. Sequentielle Traumatisierung bei Kindern und Jugendlichen durch Krieg und Flucht. *Zeitschrift für Systemische Therapie 20 (2),* 175–180.

Korittko, A.; Pleyer K.H. (2010): *Traumatischer Stress in der Familie. Systemtherapeutische Lösungswege.* Göttingen: Vandenhoeck u. Ruprecht, 5. Aufl. 2016.

Korittko, A. (2016): *Posttraumatische Belastungsstörungen bei Kindern und Jugendlichen.* Heidelberg: Carl Auer. 2. Auflage 2017.

Kühn, M.; Bialek J. (2017): *Fremd und kein Zuhause: Traumapädagogische Arbeit mit Flüchtlingskindern.* Göttingen: Vandenhoeck u. Ruprecht.

Leutner, S.; Tumani, V.; Andreas-Ottow, B.; Hofmann, A. (2015): Flüchtlinge brauchen Sicherheit, Verbundenheit und Hoffnung. *Psychotherapie aktuell,* 4/2015, S. 18-21.

Le Brocque, R.; Hendrikz J.; Kenardy J. (2010): The course of posttraumatic stress in children: examination of recovery trajectories following traumatic injury. *J Pedriatr Psychol. Volume 35, Issue 6,* 637-645.

Linehan, M. (1996): *Dialektisch Behaviorale Therapie der Borderline Persönlichkeitsstörung.* München: CIP-Medien.

Lipchik, E. (1991): Spouse Abuse: Challenging the Party Line. *Family Therapy Networker May/June.* 59 - 63.

Loch, U. (2014): Emotionale Parentifizierung und Kinderschutz. *Kontext. Zeitschrift für Systemische Therapie und Familientherapie* 45 (3) 279-294

Lovett, J. (2000): *Kleine Wunder. Heilung von Kindheitstraumen mit Hilfe von EMDR.* Paderborn: Junfermann.

Nordanger, D.; Hysing, M.; Posserud, M.B.; Johansen, A.; Ludervold, A.J..; Jakobsen, R.; Olff, M.; K. Stormark, K. M. (2013): Posttraumatic response to the July 22, 2011 Oslo terror among Norwegian high school students. *Journal of Traumatic* Stress Dec. (6), 679–685.

McAllister, J. (2003): The art of transformation: Overcoming vicarious trauma. *The CCASA Connection, Winter,* 1-7.

Masten, A. S. (2014): *Ordinary magic: Resilience in Development.* New York: Guilford.

Minuchin, S. (2018): It's More Complicated Than That. In: Simon R. Remembering Salvador Minuchin. Psychotherapy Networker, January/February.

Moberg, K. U. (2016): *Oxytocin, das Hormon der Nähe.* Berlin und Heidelberg: Springer Spektrum.

Mogk, C. (2016): Allein in Deutschland – Psychotherapie und psychosoziale Arbeit mit minderjährigen, unbegleiteten Flüchtlingen. In: Brisch, K. H. (Hrsg.): *Bindung und Migration.* Stuttgart: Klett-Cotta, S. 44–82.

Nesterko,Y.; Glaesmer, H. (2018): Migration und Flucht als Prozess. Theoretische Konzepte und deren klinisch-praktische Bedeutung für die Versorgung traumatisierter Geflüchteter. *Trauma und Gewalt,* 10 (4), 270-286.

Nick, S.; Schröder, J.; Briken, P.; Richter-Appelt, H. (2018): Organisierte und rituelle Gewalt in Deutschland. *Trauma und Gewalt,* 12 (3) 244-261.

Oestereich, C. (2010): Überleben? – Zurück ins Leben! Die Bedeutung der Lebenserzählung in der systemischen Behandlung traumatisierter Menschen. *Zeitschrift für Systemische Therapie und Beratung* 28 (3): 100–110.

Offener Brief an die Städte und Gemeinden (2018): Etablierung von AnKER-Zentren und die Rechte der Kinder. Berlin/Osnabrück 24. Mai https://www.agj.de/fileadmin/files/pressemeldungen/ AnschreibenANKERKommunen (Zugriff am 28.6.2018).

Oleffs, B. (2017): *Die Angst der Eltern vor ihrem Kind. Gewaltloser Widerstand und Elterncoaching.* Göttingen: Vandenhoeck und Ruprecht.

Omer, H. (2015): *Wachsame Sorge. Wie Eltern ihren Kindern ein guter Anker sind.* Göttingen: Vandenhoeck und Ruprecht.

Omer, H. u. A. von Schlippe (2002): *Autorität ohne Gewalt. Coaching für Eltern von Kindern mit Verhaltensproblemen.* Göttingen: Vandenhoeck und Ruprecht.

Omer, H. u. A. von Schlippe (2004): *Autorität durch Beziehung. Gewaltloser Widerstand in Beratung und Therapie.* Göttingen: Vandenhoeck und Ruprecht.

Orcutt, H.; Bonnano, G.; Hannan S.; Miron, L. (2014): Prospective trajectories of posttraumatic stress in college women following a campus mass shooting. *Journal of Traumatic Stress, 27,* 249-256.

Osofsky, J.; Osofsky, H.; Weems, C.; King, L.; Hansel ,T. (2015): Trajectories of post-traumatic stress disorder among youth exposed to both natural and technological disasters. *Journal of Child Psychology and Psychiatry. Early online version*: http://onlinelibrary.wiley.com/doi/10.1111/jcpp.12420/full [Zugriff 27.8.2015].

Painter, R. C.; Osmond, C.; Gluckman, P.; Hanson, M.; Phillips, D. I.; Roseboom, T. J. (2008): Transgenerational effects of prenatal exposure to the Dutch famine on neonatal adiposity and health in later life. *BJOG International Journal of Obstetics and Gynaecology 115(10),* 1243-1249. (https://www.ncbi.nlm.nih.gov/pubmed/18715409; (Zugriff 31.5.2018).

Pearlman, L. A.; Saakvitne, K. W. (1995): *Trauma And The Therapist. Countertransference And Vicarious Traumatisation.* New York: Norton.

Peichl, J. (2018): Integration in der Traumatherapie. Vom Opfer zum Überlebenden. Stuttgart: Klett-Cotta.

Peichl, J. (2008): *Destruktive Paarbeziehungen: Das Trauma intimer Gewalt.* Stuttgart: Klett Cotta.

Perkonigg, A.; Kessler, R. C.; Storz, S.; Wittchen, H.-U. (2000): Traumatic events and post- traumatic stress disorder in the community: prevalence, risk factors and comorbidity. *Acta Psychiatr Scand* 101: 46-59 .

Perry, B.; Pollard, R.; Blakely, T.; Baker, W.; Vigilante, D. (1995): Childhood Trauma, the Neurobiology of Adaptation, and »Use-dependent« Development of the Brain: How »States« Become »Traits«. *Infant Mental Health Journal 16 (4).* 271–291.

Phillips, M.; Frederick, C. (2015): *Handbuch der Hypnotherapie bei posttraumatischen und dissoziativen Störungen.* Heidelberg: Carl Auer .

Pielmaier, L.; Maercker, A. (2011): Risikofaktoren, Resilienz und posttraumatische Reifung. In: Seidler, Freyberger u. Maercker (Hrsg) *Handbuch der Psychotraumatologie*, Stuttgart: Klett-Cotta, 73-82.

Piesker, I.; Glaesmer, H.; Kaiser, M.; Sierau, S.; Nesterko, Y. (2018): Sequentielle Traumatisierungsprozesse bei unbegleiteten minderjährigen Flüchtlingen. In: *Trauma und Gewalt, 1 (12),* 14-25.

Porges, S. (2017): *Die Polyvagal-Theorie und die Suche nach Sicherheit: Traumabehandlung, soziales Engagement und Bindung.* 3. Auflage, Lichtenau: Probst Verlag.

Reddemann, L. (2016): *Imagination als heilsame Kraft. Ressourcen und Mitgefühl bei der Behandlung von Traumafolgen.* Stuttgart: Klett Cotta.

Rothe, E. M. (2004): Post-traumatic stress symptoms in Cuban children and adolescents during and after refugee camp confinement. In: T. A. Corales (ed.): *Trends in posttraumatic stress disorder research.* Hauppauge NY: Nova Science.

Rotthaus, W. (2006): Familiäre Gewalt, die von den Kindern ausgeht. *Kontext, Band 37, Heft 3,* 231-246.

Sachsse, U. (2004): Selbstfürsorge eines Therapeuten. In U. Sachsse (Hrsg.) *Traumazentrierte Psychotherapie*. Stuttgart: Schattauer, 437-441.

Sack M.; Sachsse U.; Schellong J. (Hrsg.) (2013): *Komplexe Traumafolgestörungen. Diagnostik und Behandlung von Folgen schwerer Gewalt und Vernachlässigung*. Stuttgart: Schattauer.

Sack, M. (2010): *Schonende Traumatherapie. Ressourcen orientierte Behandlungen von Traumafolgestörungen*. Stuttgart: Schattauer.

Salgo, L. (2003): Häusliche Gewalt und Umgang. In: J. Fegert und U. Ziegenhain, *Hilfen für Alleinerziehende*. Weinheim: Beltz, 108-124.

Satir, V. (1990): *Kommunikation, Selbstwert, Kongruenz*. Paderborn: Junfermann.

Scaer, R. (2014): *Das Trauma-Spektrum. Verborgene Wunden und die Kraft der Resilienz*. Lichtenau: Probst.

Schirrmacher, G (2006): Umgangs- und Sorgerecht bei häuslicher Gewalt. In: *Kinder misshandelter Mütter - Handlungsorientierungen für die Praxis. Eckpunktepapier der Expertenkommission „Kinder misshandelter Mütter" beim Landespräventionsrat Niedersachsen*, Hannover, 55-61.

Schmid, M.; Fegert, J. M.; Petermann, F. (2010): Traumaentwicklungsstörung: Pro und Contra. *Kindheit und Entwicklung* 19 (1): 47-63.

Solomon, J.; George, C. (Eds.) (2011): Disorganized Attachment and Caregiving. New York: Guilford Press.

Spinazzola, J.; Ford, J. D.; Zucker, M.; van der Kolk, B. A.; Silva, S.; Smith, S. F. (2005): Survey Evaluates Complex Trauma Exposure, Outcome, and Intervention Among Children and Adolescents. *Psychiatric Annals* 35 (5): 433-439.

Stamm B. (2002): *Sekundäre Traumastörungen*. Paderborn: Junfermann.

Teegen, F. (2003): *Posttraumatische Belastungen in gefährdeten Berufsgruppen: Prävalenz, Prävention, Behandlung*. Bern: Huber.

Teicher, M.; Andersen, S.; Polcari, A.; Anderson, C.; Navalta, C.; Kim, D. (2003) The neurobiological consequences of early stress and childhood maltreatment. Neurosciecne and Biobehavioral Reviews, (27), 33-44.

Thoms, S. (2014): Reitpädagogik mit traumatisierten Kindern und Jugendlichen. In: Baierl, M.; Frey, K. (Hrsg.) *Praxishandbuch Traumapädagogik*. Göttingen: Vandenhoeck und Ruprecht, 238-251.

Trommel, M. van (1997): Das Stoppen von Gewalt. Workshop anlässlich der Jahrestagung der deutschen Arbeitsgemeinschaft für Familientherapie (DAF) in Aachen. Oktober. Unveröffentlichtes Manuskript.

Trost, A.; Buscher, M. (1995): Systemische Arbeit mit gewaltbereiten Familien. *Forum der Kinder- und Jugendpsychiatrie*, 3. 22-48.

United Nations (2016): International Migration Report 2015. Highlights.

Urmoneit, I. (2013): *Pferdegestützte Systemische Pädagogik*, München: Ernst Reinhard Verlag.

Vachon, D.; Krueger, R.; Rogosch, F.; Cicchetti, D. (2015): Assessment of the Harmful Psychiatric and Behavioral Effects of Different Forms of Child Maltreatment. *Journal of the American Medical Association*, Psychiatry, 72 (11), 1135-1142.

Walters, M.; Carter, B.; Papp, P.; Silverstein, O. (1991): *Unsichtbare Schlingen*, Stuttgart: Klett Cotta.

Watkins, J.; Watkins, H. (2003): *Ego States – Theorie und Therapie: Ein Handbuch*. Heidelberg: Carl Auer.

Weinberg, D. (2005): *Traumatherapie mit Kindern.* Stuttgart: Klett Cotta.

Weinberg, D.; Korittko, A. (2013): Instinktive Täuschung – Die verborgene Trauma-Reaktion. *Informationen für Erziehungsberatungsstellen. Heft 2*, 21-25.

Wesemann, U.; Jensen, S.; Kowalski, J.; Gewandt, A.; Kröger, C.; Fischer, C.; Rose, C.; Zimmermann, P. (2015): Einsatzbedingte posttraumatische Belastungsstörung im sozialen Umfeld von SoldatInnen. *Trauma & Gewalt* 9 (3): 216-225.

White, L. (1967): Die historische Wurzel unserer ökologischen Krise, in: Lohmann, M. (Hrsg.) (1970) *Gefährdete Zukunft*, München: Hanser, 28-30.

Yehuda, R. (2005): Intergenerational predisposition of PTSD. *Journal of Clinical Endocrinology and Metabolism*, May, 211-219.

Yehuda R.; Daskalakis, N.; Bierer, L.; Bader, H.; Klengel, T.; Holsboer, F.; Binder, E. (2016): Holocaust exposure induced intergenerational effects on FKBP5 methylation. *Biological Psychiatry* 80 (5), 372-380.

Zimmermann, D. (2012a): Die Beziehung nutzen: Verstehen und Handeln in der schulischen Arbeit mit jungen traumatisierten Flüchtlingen. *Trauma & Gewalt* 6 (4): 306-317.

Zimmermann, D. (2012b): *Migration und Trauma: Pädagogisches Verstehen und Handeln in der Arbeit mit jungen Flüchtlingen.* Gießen: Psychosozial.

Zöllner T., Calhoun, L.G.; Tedeschi, R. (2006). Trauma und persönliches Wachstum. In: Maercker, A.; Rosner, R. (Hrsg.): *Psychotherapie der posttraumatischen Belastungsstörungen.* Stuttgart: Thieme Verlag, 36-45.

Anhang

Buch-Empfehlungen

Neben der Fachliteratur, die im Literaturverzeichnis für dieses Buch angegeben ist, möchte ich einige Bücher empfehlen, die sich auch gut als Literatur für betroffene Kinder, Jugendliche, Eltern und pädagogische Fachkräfte eignen – eine sehr persönliche Auswahl. Weiter unten sind auch einige hilfreiche Internetportale aufgelistet.

Dorothea Weinberg: **Verletzte Kinderseelen. Was Eltern traumatisierter Kinder wissen müssen und wie sie richtig reagieren.** Stuttgart: Klett-Cotta 2015, € 14,95.
Eltern, Adoptiv- und Pflegeeltern und alle, die mit Kindern umgehen, erhalten Aufklärung über Traumaverarbeitung und typische Reaktionsweisen der Kinder sowie klare Verhaltensregeln für schwierige Situationen mit ihrem Kind. Aus meiner Sicht eins der besten Selbsthilfebücher.

Andreas Krüger: **Powerbook. Erste Hilfe für die Seele.** Hamburg: Elbe u. Krüger Verlag 2013, € 29,95.
Mit einer Vielzahl von Zeichnungen illustriert wird in diesem Buch anschaulich erklärt, was sich in den unterschiedlichen Ebenen des Gehirns während einer Traumatisierung abspielt und wie bei einer Erinnerung an traumatische Erlebnisse blitzartig Emotionen wachgerufen werden, die sich wie aktuell anfühlen, aber eigentlich in die Vergangenheit gehören. Durch die zum Teil recht witzigen Zeichnungen eignet sich dieses Vorlese- und Arbeitsbuch besonders für Kinder und Jugendliche.

Corinna Scherwath und Sibylle Friedrich: **Soziale und pädagogische Arbeit bei Traumatisierung**. München: Ernst Reinhardt Verlag 2016, € 27,90.
In diesem Buch wird anschaulich beschrieben, wie die derzeitigen Traumakonzepte mit ihren vorwiegend ressourcenorientierten und stabilisierenden Interventionen im pädagogischen Alltag Anwendung finden. Hier geben zwei Fachfrauen, die wirklich etwas von kindlicher Entwicklung verstehen, wertvolle detaillierte Orientierung.

Silke Brigitta Gahleitner, Thomas Hensel, Martin Baierl, Martin Kühn, Marc Schmid (Hrsg.): **Traumapädagogik in psychosozialen Handlungsfeldern**. Göttingen: Vandenhoeck und Ruprecht 2014, € 30.
Für dieses Handbuch für Jugendhilfe, Schule und Klinik hat das Herausgeberteam einen breiten Fächer von Fachartikeln zusammengestellt, der wirklich alle wesentlichen Felder des psychosozialen Bereichs abdeckt. Hier schreiben die bekanntesten Autoren. Ein Buch, das man immer wieder gern in die Hand nimmt.

Bessel van der Kolk: **Verkörperter Schrecken. Traumaspuren in Gehirn, Geist und Körper und wie man sie heilen kann.** Lichtenau: G. P. Probst Verlag, 2014, € 36.
Der Umfang von nahezu 500 Seiten sollte nicht abschrecken, dieses Grundlagenwerk des bedeutendsten Pioniers der Erforschung und Behandlung von Psy-

chotraumata zu lesen. Van der Kolk beschreibt anschaulich die Entwicklung der Psychotraumatologie, wesentliche Forschungsergebnisse und zukünftig erfolgversprechende Orientierungen. Er war über 30 Jahre an vorderster Front aktiv. Er weist den Weg zu körperorientierten und zutiefst empathischen therapeutischen Möglichkeiten.

Internetportale

www.degpt.de
Die Webseite der Deutschsprachigen Gesellschaft für Psychotraumatologie. Wissenschaftliche Artikel, Informationen für Betroffene und eine Liste mit Anschriften von Traumatherapeuten und -therapeutinnen, geordnet nach PLZ und Spezialisierungen (Kinder und Jugendliche, Erwachsene). Eine weitere Therapeutinnenliste findet sich unter www.emdria.de, wobei viele der dort Aufgelisteten nicht nur die Methode des EMDR beherrschen.

www.pknds.de/37.0.html
Eine Seite der Psychotherapeutenkammer Niedersachsen, die Informationen für psychosoziale Notfallhelfer und von Traumata Betroffene enthält, welche in Deutsch, Englisch, Türkisch, Russisch und Italienisch heruntergeladen werden können. Unter anderem Hinweise zur Unterstützung von Kleinkindern, Vorschulkindern, Schulkindern und Jugendlichen. Es handelt sich um einfache Texte, die die PTK Niedersachsen von der Seite des National Centers for PTSD in den USA übernommen hat.

www.bke.de
Die Webseite der Bundeskonferenz für Erziehungsberatung (bke). Sie beinhaltet unter anderem einen Zugang zu Adressen von Beratungsstellen im gesamten Bundesgebiet, an die sich Eltern mit ihren Kindern wenden können. In vielen Beratungsstellen haben sich Fachleute auf das Trauma-Thema spezialisiert. Außerdem bietet die bke eine anonyme Onlineberatung für Jugendliche und für Eltern an: bke-beratung.de

www.weisser-ring.de/internet/opferhilfe/
Der Weiße Ring ist eine Organisation der Opferhilfe und bietet nach Traumatisierungen vielfältige Möglichkeiten der Hilfe an, z. B. eine psychotraumatologische Erstberatung. Die bundesweite Telefon-Nummer lautet 116 006. Es können auch Kontakte zu den zuständigen Einrichtungen hergestellt werden, die finanzielle Hilfen nach dem Opferentschädigungsgesetz bereitstellen oder juristische Prozesse begleiten.

www.kinderschutz-zentren.org/zentren-vor-ort
Auf dieser Seite der Kinderschutz-Zentren sind Adressen der Zentren in den einzelnen Bundesländern zu finden. Dort können traumatisierte Kinder, Jugendliche und Eltern Hilfe bekommen, gleichgültig, ob es sich um inner- oder außerfamiliäre Traumata handelt. Zu übergeordneten Fragestellung nimmt auch der Deutsche Kinderschutzbund Stellung: www.dksb.de/content/start.aspx

Danksagungen

Als ich Ende der 1970er Jahre meine Arbeit in der kommunalen Erziehungsberatung Hannover begann, war mein Vorgesetzter der Tscheche Karel Solar. Ohne dass wir damals den Begriff Trauma in seiner heutigen Bedeutung kannten, waren wir trotz der Aufbruchsstimmung in dieser Zeit durch Karel mit politisch gewollter und traumatisierender Gewalt und Erniedrigung konfrontiert. Karel hatte ein deutsches Konzentrationslager überlebt. Bei warmem Wetter trug er Hemden mit kurzen Ärmeln, die in die Haut eingebrannte Nummer war deutlich zu sehen. Wir haben als junge Beraterinnen und Berater durch ihn und seine inspirierende Leitung jenseits von einengender Autorität und blindem Obrigkeitsgehorsam Erziehungsberatung entwickeln können, in der traditionelles und neues methodisches Handwerkszeug angewandt wurde. In den Teams und gegenüber den Klienten bestand eine besonders wertschätzende und positive Haltung. Danke, Karel.

Mein zweiter Chef war der Tübinger Schwabe Roland Buck. Er wurde von den Mitarbeitern der Beratungsstellen zusammen mit Vertretern der Verwaltung aus der Reihe der Bewerber ausgewählt, was heute wohl kaum noch möglich wäre. Roland Buck leitete die sechs kommunalen Beratungsstellen Hannovers, war ein kluger Verhandlungspartner gegenüber Jugendamtsleitern, gegenüber Dezernenten und gegenüber anderen Akteuren der kommunalen Szene. Wir konnten uns unter seiner Leitung professionell weiterentwickeln und höchst interessante Referentinnen und Referenten zu Inhouse-Fortbildungen einladen, sowie innovative Projekte durchführen. Er inspirierte zu kreativer und selbstbewusster Erziehungsberatung und hielt den Rahmen dafür bereit. Trotz finanzieller Engpässe in der Kommune blieben wir sinnvoller Weise von Kürzungen und strukturellen Einschränkungen verschont. Ich danke Roland Buck dafür, dass ich unter seiner Leitung den

Freiraum bekam, mich im Bereich der Arbeit mit traumatisierten Menschen spezialisieren zu können.

Es war für mich ein Privileg, dass ich in diesen Zeiten Mitarbeiter einer kommunalen Erziehungsberatungsstelle (später Jugend-, Familien- und Erziehungsberatung) sein konnte, in denen all dieses möglich war. Wir konnten eine Haltung bewahren, die mit Wertschätzung und Respekt gegenüber unseren Klienten und mit Hoffnungen für gewünschte Veränderungsprozesse bei ihnen einherging und bekamen ausreichend Zeit und Möglichkeiten, den eigenen Stil dafür im Sinne einer „best practice" zu entwickeln. Ich wünsche den Leserinnen und Lesern dieses Buches professionelle Kontexte, in denen dieses für sie ebenso möglich bleibt.

A. K.